Vera F. Birke

W0339555

Rhetorik Training

KOMPAKT

pickup

Vera F. Birkenbihl

Rhetorik Training

KOMPAKT

Auf Wunsch der Autorin erscheint der vorliegende Text
in der alten Rechtschreibung

Bibliografische Information der Deutschen Bibliothek

Die Deutsche Bibliothek verzeichnet diese Publikation
in der Deutschen Nationalbibliografie; detaillierte bibliografische
Daten sind im Internet unter http://dnb.ddb.de abrufbar.

© Heinrich Hugendubel Verlag, Kreuzlingen/München 2008
Alle Rechte vorbehalten

Umschlaggestaltung: ZERO Werbeagentur, München
Satz: EDV-Fotosatz Huber/
Verlagsservice G. Pfeifer, Germering
Druck und Bindung: Alcione, Trento
Printed in Italy

ISBN 978-3-7205-4037-7

INHALT

Hier geht's los

Dieses kleine Büchlein soll allen helfen, die rhetorisch tätig sind – und das sind beileibe nicht nur jene, an die wir zuerst denken, weil sie regelmäßig »Reden schwingen«. Das große Gebiet der RHETORIK umfaßt sehr viel: vom einfachen **Erzählen eines Witzes** über die **Präsentation im Business-Bereich** bis zu **Aussagen**, die wir in Konferenzen, Meetings, Verhandlungen machen. Natürlich fällt darunter auch die **große Rede** – aber im täglichen Leben gibt es weit mehr Situationen, in denen uns rhetorisches Geschick zum Erfolg verhelfen kann. Sie alle können mehr oder weniger effizient gehandhabt werden. Der Grad ihrer (nachhaltigen) **WIRK**(-ungs-)**KRAFT** hängt **nicht** vorrangig vom Interesse der ZuhörerInnen ab (wie manche gern behaupten), sondern vor allem vom rhetorischen Geschick des Ausführenden. Das gilt auch für **Lehrkräfte**, **DozentInnen**, **TrainerInnen**. Sie alle sind tagtäglich rhetorisch aktiv, wiewohl viele (vor allem SchullehrerInnen) sich darüber gar nicht im Klaren sind. Wir bilden regelmäßig Hundertschaften von LehrerInnen aus und stellen immer wieder fest, daß **Rhetorik nicht zu ihrem Studium gehört** sowie, daß sie sich auch anschließend NICHT dafür interessieren. Deshalb haben die meisten von ihnen in ihrem ganzen Leben noch nie einen Rhetorik-Kurs gebucht (bzw. kein einziges Rhetorik-Buch gelesen). Aber wie bereits angedeutet, ist Rhetorik für alle Menschen wichtig (die nicht als Eremit Karriere machen wollen). Denken Sie nur an KollegInnen, die sich gegenseitig etwas erklären müssen, an BeraterInnen und VerkäuferInnen oder an die berühmte Mutter, deren »Gardinenpredigt« wieder einmal wirkungslos verpufft. Wir alle profitieren, wenn wir unsere rhetorischen **Fertigkeiten verbessern**.

Da jede Fertigkeit aber nur auf einem einzigen Weg verbessert werden kann, nämlich durch **Training**, gibt es **keine Ausreden**. Komischerweise wissen wir alle, daß niemand ein Instrument oder eine Sportart erlernen kann, ohne regelmäßig und systematisch zu **üben**. Nur bei geistigen Tätigkeiten, wie dem Vorbereiten (oder Halten) einer Rede, probieren viele es nur ein- oder zweimal, um dann vorschnell aufzugeben (»Ich kann das halt nicht«). Tja, **ohne Üben können Sie weder Tennis/Klavier spielen noch jonglieren.** Nicht einmal einen Pfannkuchen können Sie ohne Übung backen – warum sollte dies bei geistigen Tätigkeiten anders sein? Schlechte RednerInnen neigen dazu, ihr Publikum zu »beschimpfen« (Schüler seien de-motiviert, MitarbeiterInnen des-interessiert, KundInnen ekelhaft etc.). Zwar kann ein Publikum mal »schlecht drauf« sein, aber wenn man die meisten seiner HörerInnen für

»mies« hält, liegt das an einem selbst! Allerdings kann diese Einsicht für diejenigen neu sein, die sich in der Vergangenheit noch nie damit befaßt haben, wie viel ihres (beruflichen) Erfolgs letztlich von ihren rhetorischen Fähigkeiten abhängt! Und wie gut wir rhetorisch sind, hängt wiederum allein vom Grad unseres Trainings ab.

Für alle, die bereit sind, ein wenig zu PROBIEREN, zu SPIELEN und zu EXPERIMENTIEREN, kann dieses kleine Büchlein **Einstieg** oder **Erinnerung** sein. Sowohl Einsteiger als auch Fortgeschrittene finden zahlreiche Infos, Übungsmöglichkeiten und Spiele. Mein Vorschlag: Markieren Sie während des Lesens Ideen, die Sie später aufgreifen wollen (ich z.B. klebe gern eine Tesafilm-»Nase« oben auf die Seite, sie kann sogar beschriftet werden), und erstellen Sie dann eine **Trainings-Liste** (oder markieren Sie jene Spiele und Übungen, die Sie später durchführen wollen). So finden Sie, wenn Sie gerade Lust haben, jederzeit schnell eine Übung, ein Spiel etc. – insbesondere wenn potentielle MitspielerInnen anwesend sind. Das ist ein wichtiger Aspekt: Manches kann man ganz **allein** angehen (z.B. die **Vorbereitung** einer Rede: Stoffsammlung, Sortieren, logischer Aufbau etc.), manches kann man sehr gut am **Telefon** trainieren (z.B. erste Versuche, aus den Notizen einen **Vortrag** zu machen, den man am Telefon mit Freunden ausprobiert; vgl. »Steine im Fluß©«, Seite 81), aber manches kann man nur mit einer **Gruppe** üben, die als ZuhörerInnen »Publikum« spielt. Deshalb rate ich Ihnen, Familienmitglieder, NachbarInnen, KollegInnen, FreundInnen etc. zu finden, die ebenfalls Interesse haben. Treffen Sie sich **regelmäßig** einmal pro Woche (Monat) und seien Sie gegenseitig »Publikum«, damit jede/r von Ihnen auch die Redner-Rolle üben kann (☞ »Zwei ZUHÖR-ÜBUNGEN«, Seite 71ff.). Es lohnt sich wirklich.

Ich möchte Ihnen empfehlen, ein **Trainings-Journal** anzulegen, in das Sie alle Übungen (welche, wann, wie lange) eintragen und – wenn Sie wollen – kommentieren. Wem das zunächst schwerfällt (Was soll ich denn notieren?) kann mit folgenden Fragen beginnen:

- Was habe ich heute gelernt?
- Welche neue Einsicht habe ich heute gewonnen?
- An welchen Aspekten möchte ich weiter arbeiten?

Übrigens hat die Praxis immer wieder gezeigt, daß Menschen **mit** einem solchen Journal weit erfolgreicher trainieren als Menschen **ohne**, egal ob sie Muskelaufbau betreiben oder etwas lernen/üben wollen.

Aufbau dieses Büchleins

Es ist **modular** angelegt, das heißt Sie können die (alphabetisch sortierten) Einträge **in jeder gewünschten Reihenfolge** lesen. Deshalb finden Sie am oberen Rand jeder Seite ein Stichwort (wie bei einem Wörterbuch).

Im **Anhang** finden Sie drei **Merkblätter** (die Sie lesen oder auslassen können). Merkblätter enthalten Infos, die LeserInnen meiner anderen Bücher bereits kennen. Dies kann z.B. eines meiner Denk-Tools sein (vgl. die Technik der ABC-Listen, Seite 15 und Seite 99ff.). Auf diese Weise vermeide ich unnötige Überschneidungen im Hauptteil, ohne »neuen« LeserInnen wichtige Infos vorzuenthalten. Darüber hinaus finden Sie im Anhang wie immer:

- **Literatur-Verzeichnis**
- **Stichwort-Verzeichnis**

Viel Vergnügen beim stetigen Voranschreiten wünsche ich Ihnen,

www.birkenbihl-insider.de
(allgemeine Homepage)
www.birkenbihl-denkt.de
(Weblog zu meinen Denk-Tools)

RHETORIK-TRAININGS-
ABC

ABC-LISTEN

Für alle neuen LeserInnen: Sie finden eine **Mini-Einführung in diese wichtige Denk-Technik**, die unseren Zugang zu eigenem Wissen dramatisch erhöht, in Merkblatt Nr. 2 (Seite 99).

ANFANG

Es wird gern behauptet, aller **Anfang** sei schwer, aber wenn Sie mitdenken, beschreibt dieses Sprichwort doch immer **den Anfang eines LERN-Prozesses**. Wer aber das Lernen für »schwer« hält, wurde vom klassischen System in Schule und Ausbildung regelrecht vergiftet. **Denn Lernen ist so natürlich wie Atmen oder Verdauen**. Wir lernen außerhalb offizieller Lernsituationen ununterbrochen, meist ohne es bewußt zu registrieren. Der amerikanische Sprachlehr-Experte Stephen KRASHEN nennt das Einkaufs-Zentrum als hervorragendes Beispiel: Wir gehen keinesfalls dorthin, um es zu »lernen«, wir wollen Aufgaben lösen (einkaufen), Freizeit verbringen (Kaffeetrinken, Abendessen, einen Film sehen etc.) und **ganz nebenbei lernen wir das Zentrum**. Nach einer Weile denken wir über die Wege zu den einzelnen Läden, Cafés etc. nicht mehr nach, wir konzentrieren uns nur auf unsere heutigen Ziele. Das »Lernen« des Einkaufs-Zentrums haben wir besser geschafft als die meisten Lernprozesse in Schule und Ausbildung, **eben weil unser Gehirn in erster Linie ein Lernorgan ist**.

Erst wenn die natürlichsten Prozesse nicht (mehr) funktionieren, registrieren wir Schwierigkeiten. Das gilt für die Atmung, die Verdauung und das Lernen gleichermaßen. Aber anders als Atem- und Verdauungsprobleme **können wir Lernprobleme leicht lösen**, indem wir **unsere Vorgehensweise ändern**. Nun fragen Sie sich vielleicht: Warum interessiert uns dies im Zusammenhang mit RHETORIK? **Antwort:** Weil man, wenn man sich rhetorisch betätigt, sehr häufig auch belehrend wirken möchte.

Wir wollen **informieren** und unsere HörerInnen sollen sich bitte **einprägen**, was wir erzählen. Wir **argumentieren** und hoffen, daß unsere HörerInnen mitdenken und unseren Gedanken folgen. Dazu müssen sie sich **merken**, was wir im Laufe unserer Argumentation vorbringen; sie müssen darüber hinaus unsere Worte gegen die etwaiger VorrednerInnen abwägen oder unsere Info mit den Vorurteilen vergleichen, die sie möglicherweise mitgebracht haben etc.

Wenn wir damit rechnen, daß andere sich MERKEN, was wir ihnen **VORTRAG**-en, dann zielen wir darauf ab, daß im Kopf unserer HörerInnen **ein LERN-PROZESS stattfindet** – auch wenn wir das noch nie so gesehen haben. Deshalb sollten wir einiges über Lehren und Lernen wissen, denn genaugenommen versuchen wir ja zu **belehren, unterrichten, unterweisen** (vgl. mein Buch »Trotzdem LEHREN«). Aber auch das **Gegenteil** ist wahr: Für manche Präsentationen müssen wir eine Menge **lernen** (z.B. firmeninterne Zusammenhänge, Produktionsabläufe bei potentiellen Kunden oder neue Forschungsergebnisse). Ich habe schon oft eine volle Arbeitswoche (mit 12-Stunden-Tagen) in einen Vortrag von 30 Minuten Länge (z.B. bei einem Kongreß) investiert. Wenn wir gehirn-gerecht vorgehen, wird Lernen spannend (also leicht) und dann macht es Spaß (vgl. mein Büchlein »LERNEN lassen!« und »Intelligente Wissens-Spiele«).

DENK-BLOCKADE AUFLÖSEN (DIALOG BLEISTIFT/KAFFEETASSE)

Stellen Sie sich vor, Sie wollen einen **Text** schreiben, einen **Brief** (privat oder geschäftlich), einen firmeninternen **Bericht**, einen **Artikel** oder ein Redemanuskript (vgl. »Rednerpult«, Seite 52f., und die Übung »Eine vorgelesene Rede«, Seite 75ff.) und es fällt Ihnen absolut nichts ein. In diesem Fall warten viele Leute darauf, daß die Muse sie küßt – und das kann Tage oder Wochen dauern (oder auch nie passieren). Geniale Leute gehen anders vor, sie **handeln**. Das heißt: Wenn Sie eine **Schreib-Blockade** erleiden, dann müssen Sie paradoxerweise schreiben. Nur liegt das Geheimnis darin, mit einem anderen Thema (als dem, das Sie blockiert) zu beginnen oder aber darüber nachzudenken, warum Ihnen nichts einfällt, also **über die Denk-Blockade** selbst zu schreiben.

John STEINBECK schrieb parallel zu allen seinen großen Romanen täglich einen Journal-Beitrag. Dieser begann jeweils mit einer Tages-Aktualität und tastete sich graduell an das Thema des heute geplanten Romanabschnitts heran. In seinem Buch »Journal of a Novel« kann man den Prozeß miterleben.

Dieser Trick, **etwas anderes zu schreiben**, wurde von einer amerikanischen Autorin zu einer Technik weiterentwickelt, die mir sehr imponiert und seit Jahrzehnten exzellente Dienste leistet. Leider weiß ich ihren Namen nicht. Es handelt sich um den Beitrag einer Leserin in einer Fachzeitschrift für Autoren, die ich seit 1969 lese (»Writer's Digest«); dort erschien ihr Name in Form eines Kürzels (Mary S. aus Wichita).

Hier ist ihr Vorschlag: Schreiben Sie einen **Dialog**. Dabei könnte Ihr Bleistift beispielsweise mit dem Papier reden, auf das er schreibt; oder Ihr Füller mit Ihrer Kaffeetasse bzw. Ihre Finger (auf der PC-Tastatur) mit dem Bildschirm, auf den Sie starren. Die beiden »unterhalten sich« über das Thema, das Sie gerade beschäftigt. Nehmen wir an, Sie müssen einen Beitrag für eine medizinische Fachzeitschrift abliefern, den Sie schon mehrmals auf die lange Bank geschoben haben und nun droht der Termin – Sie müssen heute anfangen, trotz Schreib-Blockade. Dann könnte Ihr Dialog z.B. so aussehen:

Bleistift: Hach, mir fällt heute aber auch gaaaaaa-aaaaaaar nichts ein.
Kaffeetasse: Worüber sollst du denn schreiben?
Bleistift: Über Peyton ROUS.
Kaffeetasse: Und wer soll das sein?
Bleistift: Der Entdecker onkogener Viren.
Kaffeetasse: Häh? Was is'n das?
Bleistift: Viren, die Krebs auslösen.
Kaffeetasse: Ha ha, weiß doch jeder, daß es keine Krebsviren gibt.
Bleistift: Ja, das dachten damals alle, aber ROUS bekam später den Nobelpreis für seine bahnbrechende Arbeit…

Und schon sind Sie mitten im Thema. Sie können es gar nicht verhindern! Noch ein Beispiel gefällig? Sie sollen eine Rede zum Thema »Liegen Irrsinn und Genialität nahe beieinander?« halten und wollen heute mit den ersten Vorbereitungen beginnen. Sie sitzen vor den leeren Seiten und es fällt Ihnen nichts ein.
Bleistift: Also, ich hasse dieses leere weiße Papier, aber ich weiß einfach nicht, was ich schreiben soll…
Kaffeetasse: Ich dachte, du wolltest dich über KRETSCHMER und LANGE-EICHBAUM auslassen?
Bleistift: Na ja, das gehört ja zusammen.
Kaffeetasse: Wieso?

Bleistift:	Weil LOMBROSO ca. 1860 einige Artikel verfaßt hat, in denen er Genie und Irrsinn verheiratete und KRETSCHMER und LANGE-EICHBAUM diesen Ansatz später weiterführten.
Kaffeetasse:	Also liegen Genie und Irrsinn nahe beieinander?
Bleistift:	Eben **nicht**!
Kaffeetasse:	Wieso denn jetzt **nicht**?
Bleistift:	Weil der Ungar Géza RÉVÉSZ dieser Hypothese 1952 den Todesstoß versetzt hat. Mit seinem Buch »Talent und Genie« bewies er, daß der Zusammenhang statistisch insignifikant ist.
Kaffeetasse:	Aha, das ist ja richtig spannend!
Bleistift:	Finde ich auch…

Und schon sind Sie mittendrin! Es geht nicht anders.

Der Grund, warum diese geniale Technik so gut funktioniert, ist einfach nachzuvollziehen: Indem Sie **über** Ihr Thema in einer Art nachdenken, **als müßten Sie es jemandem erklären**, der null Ahnung hat, beginnen Sie mit einer **metaphorischen Taschenlampe** in Ihrem metaphorischen **Wissens-Netz** herumzuleuchten und einzelne Wissens-Fäden zu aktivieren. Diese aber sind mit vielen weiteren Ideen, Gedanken, Informationen ver-BUND-en und so beginnen Ihre Gedanken in kürzester Zeit zu fließen!

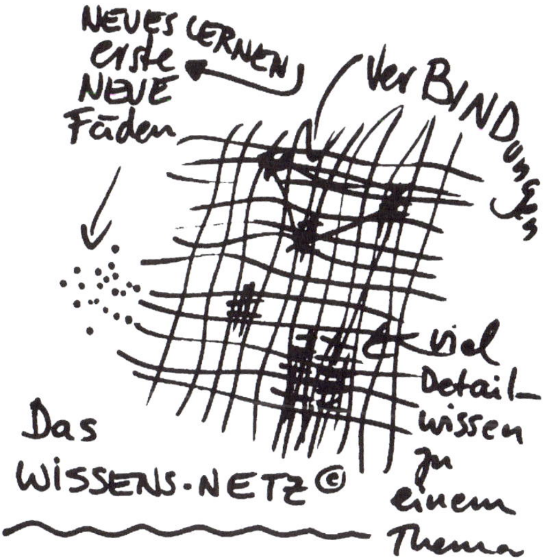

KaWa© – DAS WORT-BILD

Der eigenartige Name leitet sich von den ersten Denk-Tools ab, die ich vor über zwei Jahrzehnten entwickelte, und die mein eigenes Denken maßgeblich verbesserten (vgl. mein Buch »Birkenbihls Denkwerkzeuge«). Ich wollte damals vor allem das nicht-sprachliche Denken stärken (vgl. auch meinen Vortrags-Mitschnitt »Ohne Worte – Wortlos denken«). Diesen Teil nannte ich ursprünglich »Analografie«, später **ANALOGRAFFITI**, damit ich in Seminaren, die ich in anderen Sprachen hielt, denselben Namen nutzen konnte: **ANALOG**RAFFITI = **analoges Denken** (mit einem Stift in der Hand).

Nach einer Weile entwickelte ich zwei wichtige **Wort-Techniken** (Listen-Denken und Wort-Bilder), die ich in den Namen einfügte, so ergab sich:

K K
ANALOGRAFFITI
W G
A A

Nun steht **KaWa**© für KREATIVES ANALOGRAFFITI – **WORT-**ASSOZIATIONEN, und **KaGa**© für KREATIVES ANALOGRAFFITI – **GRAF**-ische ASSOZIATIONEN.

In unserem Zusammenhang möchte ich Ihnen das **KaWa** als mächtiges Denk-Tool für das **Eröffnen** (eines Denkprozesses) bzw. das vertiefende **Ergründen** einer Thematik empfehlen. Denn damit können Sie nicht nur die **Vorbereitung** (☞ »Vorbereitung einer Rede«, Seite 69f.) oder wichtige **Aussagen** hervorragend planen, das Ergebnis kann auch gleichzeitig im **Vortrag** (**Meeting, Gespräch** etc.) als **»Manuskript«** bzw. **Erinnerungs-Stütze** dienen – und zwar sowohl Ihnen als auch Ihrem Publikum. So biete ich bei manchen (DVD-)Vorträgen meinen HörerInnen an, alle (vorbereiteten) Folien auf einer bestimmten Website später noch einmal anzuschauen oder auszudrucken – und davon wird reger Gebrauch gemacht. Außerdem haben sich solche KaWa.s als **Titelbilder** für viele meiner Bücher und DVD-Vortrags-Mitschnitte hervorragend bewährt. Sie führen in die Thematik ein und fungieren zugleich als eine Art Zusammenfassung, weil man sich beim Betrachten sofort wieder an die Dinge erinnert, die man gelesen oder gehört hatte.

Da ich in meinen Büchern größere inhaltliche Überschneidungen weitgehend vermeiden möchte, stelle ich hier nur die Grundregeln der KaWa-Technik vor. (Zwei unterschiedliche Einführungen in die Technik finden sich in »Intelligente Wissens-Spiele« und »Birkenbihls Denkwerkzeuge«; in beiden Büchern wird auch in die Technik der ABC-Listen eingeführt, die Beschreibungen ergänzen einander.)

Grundregeln des KaWa

Wir beginnen mit dem Begriff, der quasi als **Überschrift** über der **(gedanklichen) Kategorie** steht, die uns beschäftigt.

Angenommen, wir wollen über WISSEN nachdenken, dann gäbe es tausend Dinge, die uns einfallen könnten. Nun stellte der amerikanische Philosoph und Forscher Rollo MAY (in »Mut zur Kreativität«) schon vor Jahrzehnten fest, daß die Kreativität steigt, wenn man innerhalb gewisser Limitierungen bleiben muß – weshalb die Leute in Kriegs- und Nachkriegszeiten besonders erfinderisch sind. Da wir uns auf die Buchstaben des Stichwortes limitieren, profitieren wir von diesem Mechanismus.

Wir schreiben den Begriff **groß und fett** (**GROSSBUCHSTABEN**) in die **Mitte des Blattes**:

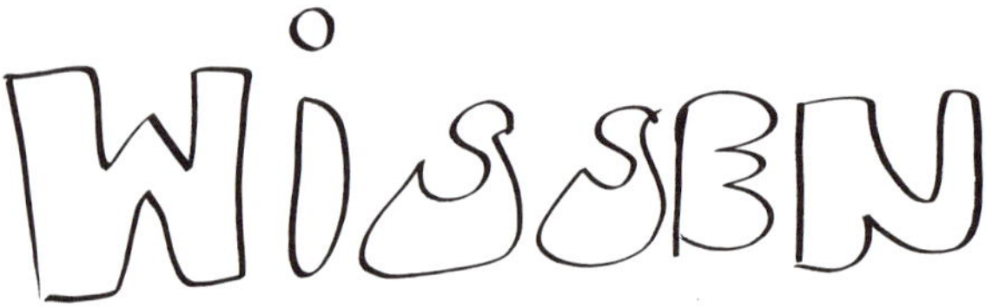

Nun suchen wir zu jedem Buchstaben Assoziationen, die **mit den jeweiligen Buchstaben** beginnen, aus denen das **Stichwort** besteht (s. Seite 25)

Dabei ist wichtig, daß wir nicht beim ersten Buchstaben beginnen, sondern daß wir **mit den Augen frei über das Blatt wandern** und Ideen, wie sie kommen, eintragen (vgl. »ABC-Listen«, Seite 15). Es darf auch passieren, daß ein Buchstabe leer bleibt oder daß wir mehr als einen Begriff zu einem Buchstaben notieren.

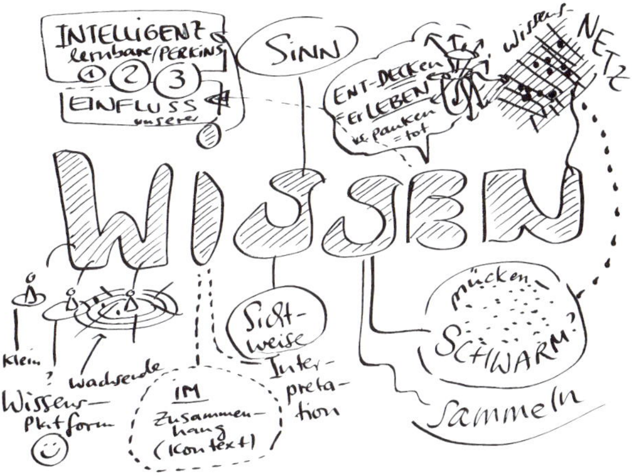

Wichtig ist darüber hinaus, daß wir prinzipiell **WAAGERECHT** schreiben – im Gegensatz zu Mind Maps nach Tony BUZAN, bei denen die Wörter in allen möglichen Richtungen notiert werden, so daß man ein Mind Map oft erst hin- und herdrehen muß, um sie lesen zu können. Unsere Erfahrungen haben gezeigt, daß Menschen, die alte Notizen in die Hand nehmen, auch bei einem komplexen KaWa sofort wieder »im Bilde« sind, während sie alte Mind Maps oft erst eine Weile »studieren« müssen, bis sie re-konstruieren können, was sie damals meinten.

In der Regel sehen **die ersten Versuche** noch nicht so »toll« aus, aber da jedes Wort-Bild momentane Gedanken spiegelt, also eher mit einem **SCHNAPPSCHUSS** als mit einem echten »Bild« (Foto) zu vergleichen ist, ist »schön« derzeit noch kein Kriterium. Bis wir den momentanen Denk-Prozeß nicht zu einem gewissen Grad abgeschlossen haben, sind 20 schnell »hingeworfene« Schnappschuß-KaWa.s besser als ein besonders »schönes«.

Das Ergebnis des Denk-Prozesses können wir **zum Schluß** »schön« schreiben (eigentlich fast zeichnen), anmalen etc. Jetzt kreieren wir ein »Bild«, wenn wir wollen, aber wir müssen nicht!

Wenn wir auf diese Weise öfter über eine Frage nachdenken, entwickeln wir im Laufe der Zeit einen gewissen **Experten-Bonus**. Denn wer das tut, ist auch anderweitig am Thema interessiert, liest Artikel, schaut TV-Dokus, spricht mit Leuten darüber etc. Die KaWa.s können eine solche Entwicklung über Wochen, Monate oder Jahre auf spannende Weise spiegeln.

Übrigens dürfte ich zu dem Begriff **WISSEN** inzwischen wohl Hunderte von KaWa.s angelegt haben. Die meisten landeten zwar im Papierkorb, aber sie haben mein Denken maßgeblich mitgeprägt, be-REICH-ert und eine Entwicklung ermöglicht, die zu mehreren Werken zum Thema Denken (z.B. meine DVD »Ohne Worte – Wortlos denken«), LERNEN und LEHREN (= Wissenserwerb), wie auch Rhetorik und Didaktik (gehirn-gerechte Weitergabe von Wissen) geführt haben. Besonders spannend sind meine »Beweise« für einen Lieblings-Satz meines Vaters (eines begnadeten Didaktikers):

Es gibt keine trockene Theorie, nur trockene Theoretiker als da sind: Professoren, Dozenten, Lehrer, Chefs, Kundenberater, Eltern…

In meiner DVD-Reihe mit dem Titel »Von Null Ahnung zu etwas…« zeige ich auf, wie man Wissensgebiete, die (für Laien) als besonders schwierig gelten (wie Quantenphysik) oder die man für besonders langweilig hält (wie Sprachlehre), didaktisch und rhetorisch geschickt präsentieren kann, gehirn-gerecht eben.

KLASSISCHE RHETORIK-ÜBUNG: 60 SEKUNDEN SPRECHDENKEN

Diese Basis-Aufgabe heißt **SPRECHDENKEN**, weil sie uns lehrt, **sprechend zu denken** (oder **denkend zu sprechen**), was viele aus dem Stegreif nicht gut können! Die Grundvariante besteht darin, daß man per Zufall ein Wort findet (z.B. durch das Stechen mit einer Nadel auf eine Buchseite). Dann gilt es, zu diesem Begriff ununterbrochen 60 Sekunden lang frei zu sprechen, also eine **Mini-Rede** zu halten, möglichst ohne »Äähs«. (Bei manchen Variationen erzählt man auch eine Story, statt eine »Rede« zu halten.) Dabei gilt eine

eiserne Regel: Es muß **ununterbrochen gesprochen** werden.

Ich habe im Laufe vieler Rhetorik-Seminare folgende vier **Haupt-Varianten** zur Basis-Aufgabe entwickelt:

1. **Totale Einsteiger:** Wie in der Basis-Aufgabe beschrieben, nur daß die SpielerInnen **30 bis 60 Sekunden Vorbereitungszeit** bekommen, um ihre »Rede« ein wenig zu planen.
2. **Einsteiger:** Wie beschrieben, jedoch **ohne Bedenkzeit**. Es gilt ja das freie Assoziieren zu lernen – eine Fähigkeit, die uns in vielen Lebenslagen helfen wird, z.B. wenn wir in Meetings, Konferenzen oder Verhandlungen auf überraschende Einwände reagieren müssen.
3. **Fortgeschrittene:** Sie müssen **zwei Begriffe**, die absolut nichts gemeinsam haben, in ihrer Rede einigermaßen sinnvoll verbinden; es gibt extra Punkte für Kreativität. Dabei trainiert man statt der klassischen Assoziation die sogenannte Bisoziation (nach Arthur KOESTLER), welche vielen als höherstehende oder »echte« Kreativität gilt (vgl. mein Büchlein »ABC-Kreativ«).

4. **Profis:** Sie verbinden sogar **drei, vier oder fünf isolierte Begriffe** miteinander, bekommen jedoch für die Mini-Rede mehr Zeit (zwei bis fünf Minuten). Ich erinnere mich noch heute gern an das Gelächter, das oft mit den Versuchen einherging, den **zweiten** (bzw. bei den »Profis« den **letzten**) sachfremden Begriff vor Ablauf der Zeit »irgendwie unterzubringen«. Manche schafften es, die Spannung enorm zu steigern, indem sie den **Eindruck** erweckten, sie hätten ein Wort (oder den letzten Begriff) **vergessen** bzw. könnten ihn absolut nicht »einbauen«, um ihn dann doch noch »auf den letzten Drükker« mit dem Rest der Rede zu verbinden. Darin zeigt sich eben der Profi!

Typische Couch-Potatoes können sich kaum vorstellen, daß Leute Lust haben, sich geistig derart anzustrengen. Aber wenn wir bedenken, wie beliebt heutzutage sogenannte **Castings** sind, bei denen Tausende von (jungen) Leuten sich vor einer Jury produzieren, indem sie Reden halten, schauspielern, singen, tanzen (also eine vergleichbare Leistung vollbringen!), dann begreifen wir, daß es doch in der Natur des Menschen liegen könnte, seine Kräfte gern mit anderen zu messen. Manche tun dies lieber auf einem **sportlichen** Gebiet, andere auf einem **geistigen** – jede/r nach seiner/ihrer Fasson.

Weil dieses **Sprechdenken** so wichtig ist, beschrieb ich es in meinem Büchlein »Rhetorik-Training« (mit 3 CDs). Es folgt ein kurzes Zitat, damit Sie sehen, wie so eine Übung ablaufen kann. Der Trainer vergibt das Stichwort »Nächstenliebe«. Achten Sie darauf, daß man, wenn einem nichts einfällt, sagen muß: »Jetzt fällt mir nichts ein«, weil Schweigen nicht gestattet ist. Es ist ja schließlich eine **Rhetorik-Übung** (kein Schweige-Training).

Spieler: Ach du lieber Gott!... Jetzt fällt mir nichts ein...

Tja, nun, also... In der Bibel steht: »Liebe dich wie deinen Nächsten.«... Nun, ich glaube, daß viele Menschen den ersten Teil des Satzes gern vergessen, wenn sie Eigenliebe als egoistisch abtun und verdammen. Aber genaugenommen kann man andere nicht lieben, wenn man sich selbst nicht mag. Und überhaupt... äh... Jetzt fällt mir nichts ein. Na, jetzt fällt mir tatsächlich nichts mehr ein...

Halt, doch was heißt denn »der Nächste« überhaupt? Ist das nur der Mensch, der zufällig in unserer Nähe ist? Oder

	ist das jeder andere Mensch?... Auch der, der mich vielleicht verletzt hat? Soll ich den auch lieben? Äääh... von wegen, wenn dich jemand auf die eine Wange schlägt, halte ihm die andere hin. Und... ja, wie steht es jetzt mit der Zeit?
Spielleiter:	Fast eine Minute!
Spieler:	Reicht das?

Erinnerung: Es ist wichtig, daß man sagen muß: »Jetzt fällt mir nichts ein«, wenn eine **Denk-Blockade** auftaucht. **Schweigen ist verboten!** Sie können sogar überlegen, ob Fehler »geahndet« werden sollen (Pfand abgeben, Münze zahlen etc.).

Übrigens: Gelegenheit zum Sprechdenken haben Sie ständig, also können Sie sehr oft trainieren. Sie könnten jeden Spaziergang, den Sie allein machen, zum gezielten Sprechdenken nutzen. Falls Sie sich genieren, »Selbstgespräche« zu führen, können Sie Ihr Handy einsetzen. Es weiß ja keiner, daß niemand zuhört, denn heute benutzen Menschen ihre Handys allerorten. Es gibt sogar schon Freisprech-Anlagen für Fußgänger: Sie brauchen nur das komische Ding ans Ohr zu hängen und jeder nimmt automatisch an, Sie telefonieren.

PS: Wenn Sie Ihre Übungs-Ergüsse später gern hören möchten (z.B. beim nächsten Spaziergang oder beim

Autofahren etc.), dann können Sie zu Hause einen Anrufbeantworter mit zeitlich unbegrenztem Audio-Speicher oder mit Diktat-Funktion aufstellen, den Sie von Ihrem Handy aus anwählen. Nun hört tatsächlich jemand zu – wenn auch zeitlich versetzt.

LERNEN

Wie lautet der **Gegensatz** (bzw. Gegenpol) zu HEISS (oder zu SCHWARZ)? Die meisten sagen KALT (oder WEISS). Nun möchte ich Sie fragen: »Wie lautet der Gegenpol zu PAUKEN?« (Wir kommen gleich darauf zurück.)

Beginnen wir mit einer wichtigen Funktion des MERKENS: Wenn wir schnell möglichst viele Fakten in unser Wissens-Netz integrieren wollen (z.B. bei der Vorbereitung einer Rede), ist das aus der Schule sattsam bekannte PAUKEN der SCHLECHTESTE Weg. Stellen Sie sich eine Gerade vor, die ein **Spektrum** aufzeigt: An einem Ende liegt SINN, am anderen SINN-LOS.

SINN-LOS ◄——————————————► SINN

Je **SINN-voller** wir lernen, desto leichter fällt das MERKEN und umgekehrt:

SINN-LOS ◄——————————————► SINN
schwer **MERKEN** + echtes **LERNEN** (wirkt) **leicht**

Wenn wir Infos PAUKEN, die uns **nicht einleuchten** oder die wir **nicht verstanden** haben, bringt das nach vielen Mühen nur einen extrem kurzfristigen Pseudo-Erfolg. Interessanterweise lauten die häufigsten Lern-Fragen: »Wie lernt man Daten, Fakten, Informationen?« oder: »Wie lernt man Formeln?« (Gemeint sind sowohl jene in den Naturwissenschaften als auch in Mathe, das heißt der »Sprache« der Naturwissenschaften.) Wenn ich eine Formel **verstanden** habe, kann ich sie jederzeit RE-KONSTRUIEREN, anfänglich langsam, mit zunehmender Übung schneller, bis sie eines Tages blitzschnell in meinem Bewußtsein »auftaucht«. Dieses »Auftauchen« ist das **Ergebnis von Denk-Prozessen**, die zunehmend schneller werden.

Mit sturem PAUKEN (oder BÜFFELN) hingegen schaffe ich vielleicht die nächste Prüfung, aber schon kurz danach ist alles **wie weggeblasen**. Diese Beschreibung des Volksmundes sollten wir ernst nehmen. Als Denkmodell können wir uns vorstellen, daß nicht verstandene Info-Fetzen auf der Oberfläche unseres Wissens-Netzes »sitzen« (s. Seite 20), von dort aber **nicht ins Wissens-Netz eindringen** können, um sich dort permanent einzuhaken und Teil des Wissens-Netzes zu werden. Deshalb werden sie von der Netzoberfläche weggeweht. Und das bringt uns zu unserer Eingangsfrage zurück: »Wie lautet der Gegenpol zu PAUKEN?« Was haben Sie geantwortet? (Fragen Sie auch einige andere Menschen, denn es kann sehr spannend werden.)

Meine Antwort lautet **DENKEN** oder **echtes LERNEN**, wobei die beiden Begriffe fast als Synonym zu sehen sind: Echtes Denken führt zu NEUEN Einsichten und Neues, das ins Wissens-Netz **integriert** wurde, spiegelt immer einen LERN-PROZESS wieder. Umgekehrt kann **kein echter LERN-PROZESS** stattfinden, wenn wir **nicht** aktiv **mit-DENKEN**! Genau das aber wird im klassischen Schulsystem, in dem noch immer vorwiegend Frontal-Unterricht stattfindet, eher verhindert als unterstützt.

Dasselbe gilt für RednerInnen, die ihr Publikum lediglich »belabern«. Denn ein PASSIVES Hirn (im Kopf unserer ZuhörerInnen) darf/kann ja nicht aktiv mit-DENKEN und kann demzufolge auch nur wenig von dem, was wir sagen, MERKEN (= LERNEN). Deshalb müssen Menschen, die **rhetorisch erfolgreich** sein wollen, einiges über LERN-PROZESSE wissen. Dies hilft ihnen doppelt: **Erstens** wenn sie selbst Neues lernen müssen, um den Vortrag zu halten (vgl. »Vorbereitung einer Rede«, Seite 69) und **zweitens**, weil sie ihren ZuhörerInnen, die sie aktiv zum Denken einladen, mehr Chancen bieten, ihre Infos aus dem Vortrag zu **begreifen** und demzufolge auch zu **merken**. In meinem Hosentaschenbüchlein »LERNEN lassen« finden Sie die Grundlagen sowie 17 Techniken, wie man sich neuem **Wissen** **spielerisch** oder **methodisch wirksam** nähern kann.

MINI-RHETORIK-TRAINING

Weil das Thema **Lernen** so zentral für Ihr **rhetorisches Unterfangen** ist, taucht es in diesem Büchlein auch immer wieder auf. Ging es uns beim letzten Punkt (»Lernen«) um das **LERNEN VON WISSEN** (Daten, Fakten, Infos, also theoretisches Wissen), so soll es uns jetzt um das **ERLERNEN EINER HANDLUNG** gehen, wobei Sie **dieses Mini-Training für viele Handlungen** nutzen können, nicht nur um rhetorisch besser zu werden. Ehe ich das weiter ausführe, möchte ich Ihnen eine Frage stellen: **»Wie könnte eine absolut aussagekräftige Lern- bzw. Erfolgs-Kontrolle aussehen, die vor allem dem Lernenden selbst klar zeigt, wie weit er vorangeschritten ist?«**

Was meinen Sie? Haben Sie Ideen? Fragen Sie auch andere, es ist eine der faszinierendsten Fragen, vor allem an Lehrkräfte, DozentInnen, TrainerInnen etc.

Es war eine der Fragen, mit denen ich mich ab den späten 1970er Jahren herumschlug. Ich wollte meinen Kunden (meine Seminar-TeilnehmerInnen und Coaching-KlientInnen waren damals weitgehend ManagerInnen) konkret beweisen, daß gewisse Trainings-Maßnahmen bestimmte voraussagbare Ergebnisse bringen. Schließlich war es seit Jahrtausenden bereits möglich, WISSEN durch Frage- und Antwort-Systeme zu überprüfen, aber es gab kaum **Erfolgs-Nachweise für Verhalten**. Nach langen Jahren der Suche entwickelte ich Anfang der 1980er Jahre die hier dargestellte

Technik (als die großen und teuren Tonband-Rekorder den preiswerten Kassetten-Rekordern wichen und Tonbänder nur noch von Profis in Studios verwendet wurden). Inzwischen ist die Aufzeichnung von Videos leichter als damals ein Audio-Mitschnitt, wie Millionen von Video-Clips im Internet (z.B. bei YouTube) zeigen (wenn Sie dort unter BIRKENBIHL **suchen**, werden Sie auch einige von mir finden!). **Deshalb können Sie die Technik, die ich damals entwickelt habe**[1], **heute und in Zukunft** auch **mit komplexeren Medien** nutzen.

Meine ERFOLGS-KONTROLL-Methode

Wichtig ist dabei jedoch, daß Sie das vorgeschlagene **Prozedere** ganz genau einhalten, denn es **bewirkt** etwas, **das Sie normalerweise nie erleben** und – wie ich von Tausenden meiner Seminar-TeilnehmerInnen weiß – was die meisten während ihrer gesamten Schulzeit

1 In meinem neuen Weblog BIRKENBIHL DENKT finden Sie übrigens eine Reihe weiterer Techniken. Manche davon hatte ich bereits veröffentlicht, manche sind Weiter-Entwicklungen von früher in einfacherer Form publizierten Methoden und manche werden hier erstmals der Öffentlichkeit vorgestellt. Da es sich um einen BLOG handelt, sind alle LeserInnen herzlich eingeladen, jede einzelne Technik zu testen und zu berichten, welche Ergebnisse sie erreichen bzw. welche zusätzlichen Fragen auftauchen. Dieser Blog ist eine Art kostenlose Fortsetzung von 37 Seminarjahren, in dem die Erfahrungen dieser Zeit konsolidiert und weitergeführt werden.

kaum je so klar erfahren haben, **nämlich den konkreten Erfolg einer Trainings-Maßnahme eindeutig zu erfahren**.

Ich hatte die Methode für das persönliche Coaching von Führungskräften in Firmen entwickelt und es deshalb früher nicht ver-ÖFFENTLICH-t. Aber da ich die meisten potentiellen Coaching-KlientInnen aus Zeitgründen abweisen muß, möchte ich diese Technik jetzt allen Menschen zur Verfügung stellen, die aktiv an sich arbeiten wollen.

Der wesentliche Aspekt besteht in der Unterscheidung zwischen **graduellen** (kumulativen) **Lern- oder Trainings-Erfolgen**, die relativer Natur sind, und dem **absoluten Lern-Erfolg**. Der graduelle Erfolg ist **relativ zu früheren Leistungen** (z.B. zu der von gestern). Er ist meist MINIMAL und deshalb so gut wie nicht wahrnehmbar. So wie eine Mutter das (minimale) graduelle tägliche Wachsen ihres Sohnes nicht bewußt wahrnimmt, bis einmal wieder ein/e BesucherIn, der/die schon einige Monate nicht mehr da war, ausruft: »Mein Gott, ist der Bub gewachsen!« Auf einmal erkennt sie, daß seine ABSOLUTE Größe sich in diesen Monaten radikal verändert hat. Nehmen wir an, er sei konkret 19 Zentimeter gewachsen (von 1,55 Meter auf 1,74 Meter). Wenn Sie diese 19 Zentimeter jedoch durch die 120 Tage (der vier Monate) teilen, ergeben sich im statistischen Schnitt tageweise minimale Mengen, die **nicht wahrnehmbar** sind.

So ähnlich verhält es sich auch mit **Lern-Erfolgen**, wobei sie bei Handlungsweisen, Tätigkeiten oder Aktivitäten (wie Sport, Musik etc.) leichter wahrzunehmen sind, als bei geistigen Tätigkeiten. Deshalb ist das Mini-Rhetorik-Training ein gutes Beispiel, an dem ich diese großartige **Lern-Kontrolle** aufzeigen kann, wiewohl wir sie für jede Art von Verhalten nutzen können (vom Inlineskaten über Pfannkuchenbacken bis zu Geschicklichkeitsspielen aller Art). Wichtig sind dabei vier Aspekte:

1. Man trainiert und testet (isoliert) eine spezielle Handlung. Erst viele weitere Handlungsmodule zusammen ergeben eine gewisse Kompetenz für das Gesamtgebiet. Beispiel: Man trainiert einen spezifischen Song, aber erst wenn man eine Reihe von Liedern mit dieser Methode trainiert und getestet hat, kann man von einer allgemeinen Kompetenz im Singen ausgehen.
2. Man benutzt ein- und dieselbe Technik für das Training und das Testen, was die Methode sowohl besonders leicht anwendbar macht als auch zeigt, daß nur das getestet werden kann, was tatsächlich trainiert wurde (im Gegensatz zu manchen Test-Methoden in der Ausbildung und im realen Leben).
3. Hier erhält der LERNENDE **die Kontrolle über den Erfolg**. Er ist also nicht von Lehrkräften oder Coachs abhängig, um zu erfahren, ob es Fortschritte gibt, sondern kann sie selbst ermessen. Lehrer und

Mentoren können uns ab jetzt auf weitere Details aufmerksam machen, nachdem wir selbst gesehen/ gehört haben, **daß** wir **auf dem richtigen Weg** bzw. **wie weit** wir schon **gekommen** sind.

4. Diese Erfolgs-Kontrolle gilt auch für Prozesse, die wir nicht unbedingt mit Lernen assoziieren, wie z.B. **Muskelaufbau**. Wer vielleicht anfangs mit einer 1-kg-Hantel begann und heute dieselben Übungen mit einer 5-kg-Hantel absolvieren kann, dokumentiert mit meiner **Erfolgs-Kontroll-Technik** hier ebenfalls Fortschritte durch üben und trainieren – auch wenn wir bei MEHR Muskeln (oder WENIGER Fett) weniger einen **Lern-** als vielmehr einen **Entwicklungs-Prozess** dokumentieren.

Aber nun zum Vorgehen selbst:

- **Vorstufe:** Wenn Sie wollen, können Sie den Witz die ersten fünf Mal ablesen, das ist die **Vorstufe**. Erst mit dem **ersten freien Erzählen** (= freies Sprechen, Mini-Rede halten) **beginnt das eigentliche Training**.
- **Schritt 1:** Nehmen Sie die erste Schilderung auf. Das ist heutzutage kein Problem mehr. Als ich die Technik entwickelte, gab es nur relativ große Kassettengeräte, heute haben Sie ein digitales Minigerät oder Sie sitzen vor Ihrem PC und erzählen den Witz am Telefon, und schon zeichnet Ihr PC vollautomatisch auf.

- **Schritt 2:** Sie erzählen den Witz weitere acht Mal (auch dies ist am Telefon möglich). Sie können täglich einmal üben oder einmal pro Stunde, keinesfalls jedoch die acht Mal unmittelbar hintereinander (das Gehirn braucht die Zeiten dazwischen, um die Nervenbahnen anzulegen)! Wer die ständige Verbesserung miterleben will, zeichnet die Versionen 2 bis 8 auf, aber SEPARAT (Sie werden gleich sehen, warum.)
- **Schritt 3:** Die zehnte Version erzählen Sie wieder MIT AUFZEICHNUNG. Diese muß unmittelbar der ersten folgen, so daß Sie sich später beide direkt hintereinander anhören können.

Danach hören Sie sich die Aufzeichnung der ersten und der zehnten Version an, die ja unmittelbar hintereinander aufgezeichnet wurden und so als EIN Stück mit zwei Teilen abgespielt werden können. Hören Sie sich diese Doppelversion OFT an, Sie werden erstaunt sein über die Verbesserungen, die sich ergeben haben. Wer will, hört sich die stufenweise Entwicklung (separat aufgezeichnet) an, aber das Wichtigste ist die Doppelversion 1 und 10.

Nun beantworten Sie folgende Frage: Sind Sie zufrieden oder könnten Sie noch besser werden? Wenn Sie Ihre Kompetenz noch weiter erhöhen wollen, dann spielen Sie weiter. Erzählen Sie Version 11 bis 19 (Aufzeichnung optional) und nehmen Sie Version 20 direkt nach Version 1 und 10 auf, so daß Sie jetzt einen Dreier (1, 10 und 20) haben. Hier sehen Sie echte Fortschritte. Wenn unser Schulsystem so (ähnlich) vorgehen würde, bräuchte es kein Notensystem und die Lernenden wüßten selbst genau, wie weit sie derzeit sind.

MÄRCHEN – ABER ANDERS (RHETORIK-SPIEL)

Es gilt, **bekannte Märchen zeitgemäß zu »bringen«**. Dabei sagt man im Vorfeld natürlich nicht, um welches Märchen es sich handelt, aber auch wenn die ZuhörerInnen Bescheid wissen, erzählen wir weiter. Daß man zunächst erraten muß, wovon die Rede ist, ist nämlich nur ein Startschuß. Das eigentliche Spiel ist die **Verfremdung oder Interpretation der bekannten Geschichte** (dieses Spiel befindet sich auch in meinem Büchlein »Intelligente Party-Spiele machen klüger«). So begann ein Spieler sein **Rotkäppchen** wie folgt:

> Also, da spaziert das junge Ding ohne Begleitung durch den Wald, und es kommt, wie es kommen muß – es nähert sich ihr die Gefahr in Form eines männlichen Wesens, nicht mehr ganz fit, einige graue Haare im Pelz, und er will ihr an die Wäsche. Zwar hat man uns bisher gern weisgemacht, er hätte sie fressen wollen, aber das ist metaphorisch für das, was er wirklich vorhat.

Dies animierte eine Mitspielerin, ihre eigene Version (aus der Sicht der Oma) zu erfinden

> Also, es war einmal eine junge Dame, die immer und überall helfen wollte. Auch wenn das Opfer nicht unbedingt scharf auf ihre Hilfe war, wie damals, als die alte Oma krank darniederlag und nichts als ihre Ruhe wollte. Nachts konnte sie überhaupt nicht schlafen, also hätte sie tagsüber Ruhe gefunden, wenn ihre Enkelin nicht täglich mit dem großen Korb gekommen wäre und darauf bestanden hätte, ihr das Zeug in die Schränke zu räumen und das Süppchen, das ihre Mutter gekocht hatte, warm zu machen. Es war ein Kreuz mit der Familie…

Daraufhin meldete sich ein Polizist zu Wort:

> Also, dieser Mann mit dem Jägerberuf hatte es schon lange auf den großen Wolf abgesehen. Er und seine Kollegen nahmen zwar an, der Graubart sei an kleinen Mädchen interessiert, aber bisher hatte es keine Beweise gegeben. Sie beschatteten ihn auf gut Glück, wann immer sie konnten. Gott sei Dank, denn an jenem…

Jetzt meinte jemand, man könne auch versuchen, das Ganze aus der Sicht des armen Wolfes zu erzählen und begann:

> Der große Graue durchstreifte diese Gegend schon seit geraumer Zeit. Er hatte den letzten Machtkampf im Rudel verloren und war ins Exil ge-

schickt worden. Das Jagen wurde zunehmend schwerer, deshalb hatte er sich auf Menschenfleisch verlegt. Diese dummen Dinger, die da allein im Wald, in seinem Reich, herumwanderten, mit ihren Kopfhörern auf den Ohren – als ob er dieses Geplärr nicht trotzdem hören konnte... Da liefen sie völlig taub durch den Wald und wunderten sich dann, wenn sie leichte Beute für ihn wurden...

Varianten

Mythen, Legenden oder derzeitige Geschehnisse, die man (ironisch) verfremden will, sind genauso möglich. Es gibt kaum eine Story, die man nicht **neu erzählen** kann. So habe ich bei diesem Spiel einmal vor ca. 30 Jahren meine **Pygmalion-Mythos-Variante** erfunden:

Also, Pygmalion war ein Halbgott. Es gab im Olymp Halb-, Viertel- und Ganzgötter und er war nur ein armseliger Halbgott. Nun hatte er sich die ideale Partnerin aus Lehm geformt, aber als Halbgott konnte er sie leider nicht zum Leben erwecken. Wie er da so rumsitzt und betrübt die Statue anschaut, kommt Pallas Athene vorbeigeschlendert (eine Ganz-Göttin). »Aha«, denkt Pygmalion, »ob sie mir wohl hilft?« Er fragt sie, ob sie bereit wäre, dieser Idealfrau ihren göttlichen Odem einzuhauchen. »Nun«, meint sie, »ich habe gerade nichts Besseres zu tun, warum nicht?« Und so erweckt sie die Statue zum Leben. Pygmalion nannte sie **Galathea**, und so wurde nicht nur einer Lehmfigur, sondern auch einer Idee Leben verliehen. **Der Idee nämlich von einem Idealpartner**, der aus der eigenen (metaphorischen) »Insel« kommt, die gleichen Erfahrungen hat wie wir, die gleichen Ziele, Prioritäten, Wünsche etc. **Kurz, jemand, der genauso denkt und fühlt wie wir.**[2]

REZITATIONS-SPIEL (= VORLESE-TRAINING)

Manche Reden müssen abgelesen werden, stellen also eigentlich eher eine Vor-LESUNG als einen freien Vortrag dar. Das Problem ist allerdings: Viele Menschen begreifen nicht, daß sie de facto rhetorisch tätig sind und plappern eher darauflos, als daß sie ihre Rede sauber vorbereiten (vgl. Seite 69f. und Merkblatt Nr. 1: Steine im Fluß© Seite 81ff.). Analog bereiten die wenigsten das Ablesen einer Rede sauber vor. Sie glauben, sie könnten einfach so »loslegen«. Wer die Möglichkeit hat, an Vormittagen auf Phoenix Fernsehsendungen mitzuschneiden, stößt oft auf politische Arbeit, z.B. wenn die Wirtschaftsweisen von ihren Forschungen berichten oder Politiker ihre Reden schwin-

2 Meine Story brachte auch zum Ausdruck, daß das auf Dauer nicht gutgehen kann. Die »Insel« bezieht sich auf mein Insel-Modell (vgl. mein Taschenbuch »Erfolgs-Training«).

gen etc. und kann beobachten, wie anstrengend es für den Zuhörer ist, einem schlecht abgelesenen Text zu folgen.

Das folgende Rezitations-Training entwickelte ich ursprünglich als Rhetorik-Übung, inzwischen wird es aber auch von innovativen Lehrern bzw. von Eltern eingesetzt, die den Kindern helfen wollen, sich »am eigenen Schopf« aus der (anfänglichen) Unfähigkeit »herauszuziehen« (was mit Jammern nie, mit Übung aber fast immer möglich ist). Man muß nämlich begreifen: So wie man das Gedächtnis nicht im Vakuum, sondern immer nur an konkreten Aufgaben trainieren kann, so kann man freies Sprechen, Vorlesen etc. nicht »allgemein« üben. Wenn man aber genügend Einzelbeispiele trainiert hat, wird man bald tatsächlich auch allgemein besser. Spiele (= Training) wie dieses zeigen das sehr gut. Wer mindestens 15 bis 20 Mal den gesamten Ablauf mit jeweils einem (anderen) konkreten Text durchläuft, wird auch neue Texte besser laut lesen können. Trotzdem gilt: Kein spezifischer Text kann ohne Training wirklich bestens gelesen werden, das kann nicht einmal der Autor eines Textes selbst!

Dieses Spiel (= Training) verläuft in mehreren Schritten. Gruppen, deren Mitglieder sehr nah beieinander wohnen (bzw. SchülerInnen, die sich täglich sehen), spielen jeden Tag einen Abschnitt. Andernfalls beginnen Sie mit KURZEN Texten (von jeweils nur einem Absatz), damit Sie alle Trainings-Schritte an einen Nachmittag durchlaufen können.

Es gibt verschiedene Variationen, z.B. daß man die MitspielerInnen in Paaren zusammenschließt, von denen jeweils einer als COACH fungiert (er darf den Text vorab sehen), aber ich beschreibe Ihnen jetzt die BASIS-Version, in der man in kleinen Gruppen à drei oder vier SpielerInnen übt (wie es auch in Seminaren oder Klassenzimmern möglich ist).

Material: Eine **Aufzeichnungsmöglichkeit** (das kann ein altes Kassettengerät sein oder pro Gruppe ein digitales Gerät, dessen Aufnahme man später jedem Spieler per E-Mail zuschicken kann) sowie einen **Timer** pro Kleingruppe.

VORBEREITUNG: KALTE AUFZEICHNUNG 1

Der/die SpielleiterIn überreicht **allen** ein verschlossenes Kuvert mit dem Text (z.B. eine Fotokopie aus einem Buch oder den Ausdruck eines Textes aus dem Internet). Jeder entnimmt den noch unbekannten Text; er wird »kalt«, das heißt ohne vorheriges (leises) Lesen und ohne Übung **aufgezeichnet**. Diese Übung ist übrigens in Aufbau und Wirkung ähnlich der Erfolgs-Kontroll-Methode (Seite 36), deshalb beginnen und enden wir mit je einer Aufzeichnung, nur daß wir beim Rezitations-Training die Zwischenschritte nicht aufzeichnen, wenn wir als Gruppe üben (beim Solo-Training zeichnet man jeden Schritt auf, aber ebenfalls so, daß man am Ende das VORHER direkt mit der letzten Aufzeichnung vergleichen kann!).

SCHRITT 1: SLOW – GAAAAAAAAAAAANZ LAAAAA-AAAAANGSAM

a) Die TeilnehmerInnen lesen sich den Text gegenseitig vor, wobei die Spielregel lautet: So laaaaaaaaaaangsam wie möglich, das heißt, jede einzelne Silbe kann »unendlich« in die Länge gezogen werden, aber zwischen den Silben dürfen keine Pausen entstehen. So nutzen wir die Art, wie unser Gehirn arbeitet, optimal (in meinem neuen Weblog www.BIRKENBIHL-DENKT.de werde ich das Rezitations-Training **mit neurologischen Hintergründen** erläutern; hier geht es aus Platzgründen nur um das Vorgehen).

b) Wenn alle mindestens einmal dran waren, können Gruppen, die besonders intensiv üben wollen, sich trennen. Jeder sucht sich eine Ecke (oder läuft irgendwo auf und ab, je nachdem, ob man lieber sitzt oder sich bewegt) und übt so lange, bis man den Text flüssig vorlesen kann.

Achtung: In Schritt 1 geht es nur ums »nackte Vorlesen« der einzelnen Silben, noch nicht um einen guten »Vortrag« des Textes!

SCHRITT 2: ANALYSE »S« PLUS REGIE-ANWEISUNG

Jetzt werden alle »s« im Text analysiert und mit zwei verschiedenen Farben markiert. Manche »s« sprechen wir weich (wie in Rose), manche hart (wie in »daß«), ohne daß dies immer an der Schreibweise zu erkennen wäre. So müssen wir z.B. das »s« in Diskussion dreimal hart sprechen [diß-kuß-ßion], wiewohl wir es dreimal so schreiben, wie das »s« in Rose [rose].

Am Ende von Schritt 2 stehen klare Regieanweisungen für die Aussprache aller »s« im Text. Falls Sie allein trainieren, versuchen Sie diesen Teil mit mindestens einer Person (vielleicht am Telefon) zu besprechen, da es vielen Leuten häufig nicht klar ist, wie falsch sie Wörter normalerweise aussprechen. Wer öfter Menschen zuhört, die vom Blatt (oder frei) vortragen, wird feststellen, daß gerade Sprechfehler dieser Art den Text oft geradezu unverständlich machen können.

SCHRITT 3: TRAINING (LESEN GEMÄß ANWEISUNGEN AUS SCHRITT 2)

Nun wird gemäß dieser Regieanweisungen geübt – wieder zuerst gemeinsam. Für intensives Üben ist aber zu empfehlen, daß man sich danach eine Weile trennt, damit jede/r die maximale Übungszeit erhält.

SCHRITT 4: ANALYSE INHALT (SINN, BEDEUTUNG ERFASSEN)

Wieder analysiert man in der Gruppe, diesmal jedoch geht es um den Inhalt. Bitte achten Sie darauf, daß die Sinn-Suche hier der vierte Schritt ist. In der Schule ist es meist der erste Schritt, was alle schwächeren LeserInnen überfordert. Im vierten Schritt aber ist der Text so vertraut, so daß es JETZT leicht fällt, SINN (BEDEUTUNG) im Text zu suchen. Daraus ergeben sich die Regieanweisungen dieses Lernschrittes: Wo sollte man etwas **hervorheben** (betonen), um es zu »unterstreichen«? Wo sollte man **kleine Pausen** machen, sei dies eine **Spannungspause** (die **das Nachfolgende** hervorhebt) oder eine kleine Pause, damit Zuhörer **mehr Zeit zum Mitdenken** erhalten. Auch dieser Schritt endet mit klaren Regieanweisungen.

SCHRITT 5: TRAINING (LESEN GEMÄß ANWEISUNGEN AUS SCHRITT 4)

Wie Schritt 3.

Nun haben wir drei Trainings-Schritte (1, 3 und 5) und zwei Analyse-Schritte (2 und 4) durchlaufen. Nachfolgend können wir alles zusammenfügen.

SCHRITT 6: TRAINING (LESEN GEMÄß ANWEISUNGEN = TRAINING)

Dies ist **das eigentliche Training**. Nun, nachdem wir diverse Aspekte zusammengebracht haben, können wir die Lesung (die Rezitation) üben. Wir üben (vgl. Merkblatt Nr. 1: Steine im Fluß©, Seite 81ff.) so lange, bis wir das Gefühl haben, einen echten Fortschritt gemacht zu haben. Dann erst treffen wir in der Gruppe wieder zusammen. Jetzt sehen Sie, warum die optimale Form dieses Trainings darin besteht, daß man täglich einen Schritt durchläuft. Auf diese Weise kann jedes Mitglied zu Hause noch so intensiv und lange üben, wie er/sie benötigt, bis man am darauffolgenden Tag zum nächsten Schritt wieder zusammentrifft.

SCHRITT 7: ERFOLGSKONTROLLE – AUFZEICHNUNG 2

Am Ende steht die zweite Aufzeichnung und der Vergleich mit der ersten. Diese Erfolgskontrolle kann in der Kleingruppe vorgenommen werden. Dann hören die SpielerInnen drei- oder viermal hintereinander die »nackte« Version aus der Vorbereitungsphase und unmittelbar darauf die jetzige Lesung (nach intensivem Üben). Es ist beeindruckend (die Gründe sind dieselben wie im »Mini-Rhetorik-Training«, Seite 35): Durch den Vergleich sehen/hören wir unmittelbar, was ein Training über Stunden, Tage oder Wochen gebracht hat. Während des Trainings kann man Verbesserungen oft kaum wahrnehmen, aber durch den Verglcich von VORHER und NACHHER sind mit einem Schlag **alle kumulativ angesammelten Verbesserungen** klar wahrzunehmen (Erfolgs-Kontrolle des Gelernten).

Gerade dieses berechtigte **Erfolgs-Gefühl** ist insbesondere für Menschen (junge wie alte), die aus der Schule nur das quälende »Vorlesen-Müssen« kennen, oft eine völlig neue Erfahrung. Denn das »Aufgerufen-Werden« in der Schule bietet ja keine echte Trainings-Möglichkeit für die Schwachen, deren Nervosität (weil sie vor allen Mitschülern lesen MÜSSEN) so viel Streß verursacht, daß eine gute Leistung schon allein deshalb kaum möglich ist (selbst wenn sie daheim geübt haben sollten). Hinzu kommt, daß das wiederholte Lesen des Textes allein nicht halb so wirksam ist wie dieses (in vielen Jahren durch zahllose Versuch-und-Irrtum-Experimente entwickelte) 6-Schritte-Training, das ein wesentlich wirksameres und nachhaltigeres Training ermöglicht!

Wenn ehemals Schwache (hier »LeserInnen«) dann im VORHER-NACHHER-Vergleich diesen enormen Leistungs-Sprung erleben, den sie in der kurzen Zeit Schritt für Schritt »erübt« haben, dann werden sie diesen Eindruck erstens ihr Leben lang nicht mehr vergessen und sind zweitens danach bereit, weiter in dieser Form zu trainieren.

REDNERPULT

Wer frei spricht, wird sich kaum hinter einem Pult »verschanzen« wollen, aber manchmal müssen wir tatsächlich einen vorbereiteten Text ablesen (z.B. auf der Jahreshauptversammlung einer großen Firma oder als PolitikerIn bei Veranstaltungen, bei denen die Texte vorab der Presse zugestellt werden). Wenn man also **lesen** muß, bietet sich ein Pult natürlich an.

Einige Hinweise: Überprüfen Sie **vorab** die Pulthöhe (moderne Pulte sind höhenverstellbar) und sorgen Sie dafür, daß die Mikrophone im richtigen Winkel stehen, damit Sie optimal verstanden werden können (ein kurzes Räuspern ins Mikrophon vor Beginn Ihres Vortrags reicht nicht!). Wer professionell vorgeht, wird **im Vorfeld üben** (☞ »Übung«, Seite 66ff.), dabei gilt: Man sollte immer die Variante üben, die man am häufigsten live erlebt, im Zweifelsfall trainieren Sie also besonders **gutes Ablesen** (☞ »Rezitations-Spiel«, Seite 44).

REDNER-SCHWÄCHEN

Wie am Ende der zweiten ZUHÖR-ÜBUNG (Seite 79) festgestellt, sollte man im allgemeinen eher die eigenen Stärken gezielt ausbauen, als andauernd an irgendwelchen Schwachstellen »arbeiten«. Ausnahme sind konkrete Handlungsweisen, bei denen wir höhere Kompetenzgrade erreichen wollen, sei dies im Sport, in der Musik oder bezüglich unseres rhetorischen Geschicks.

Beim Halten einer Rede gibt es gewisse Schwächen, die die Effektivität gefährden. Drei Beispiele:

BEISPIEL 1: LEISE STIMME

Ein Trainer-Kollege hatte lange mit Kleingruppen (7 bis 10 Personen) gearbeitet, entwickelte dann aber ein sehr erfolgreiches Trainings-Programm für Gruppen von 20 bis 35 TeilnehmerInnen (mit viel Kleingruppen-Arbeit). Nun war seine Stimme sehr leise, was manche TeilnehmerInnen in der kleinen Gruppe (oft unbewußt) dazu veranlaßte, besonders still zu sein, damit sie ihn gut hören konnten. Aber bei den größeren Gruppen passierte das Gegenteil: Die Leute begannen zu »schwätzen«, **weil er so leise sprach** und sie ihn nicht verstehen konnten, also fragten sie den Nachbarn: »Was meint er?« Oder: »Wie war das noch mal?« Als er mich um Rat bat, schlug ich vor, zuerst einen **Stimm-Profi zu konsultieren**. Oft kann eine leise Stimme durch eine andere Atemtechnik etc. wesentlich lauter (und voller) klingen (andernfalls müßte man mit einem Mikrophon arbeiten – was heutzutage auch bei kleineren Gruppen machbar ist, damals aber mit großem technischen und finanziellen Aufwand verbunden gewesen wäre). In seinem Fall zeigte sich, daß eine Veränderung seiner Atem- und Sprechtechnik das Problem lösen würde. Dies ist also ein Beispiel für eine »Schwäche«, an der zu arbeiten sich lohnt, um die eigene Kompetenz zu erhöhen.

Bei den folgenden zwei Beispielen lohnt es sich zwar, die jeweiligen »Probleme« zu lösen, nicht aber unbedingt, indem man mit Verhaltensveränderung reagiert. Und das ist meines Erachtens bei ca. 70 von 100 sogenannten Verhaltens-Problemen der Fall.

BEISPIEL 2: ZU SCHNELLES SPRECHEN

Ich lernte durch Feedback-Bögen der TeilnehmerInnen, daß ich ZU SCHNELL spreche. Zwar wäre es absurd, meinen Sprechstil ändern zu wollen, weil er Teil meiner Persönlichkeit ist, aber ich habe gelernt, **regelmäßig kleine Konferenzen mit dem Sitznachbarn** oder **kleine Übungen** einzuschieben, in denen man eine Frage beantwortet oder etwas ausprobiert. Diese kleinen Inseln (in denen ich schweige) erlauben es den ZuhörerInnen, gedanklich wieder »aufzuholen«. Bei Vorträgen, die mitgeschnitten und später als DVD zur Verfügung stehen, finden allerdings (bei großer Stoffmenge in limitierter Zeit) etwas weniger Mini-Pausen statt, da die ZuschauerInnen später jederzeit die PAUSE-TASTE drücken und in Ruhe nachdenken können.

BEISPIEL 3: AM OVERHEAD »SCHMIEREN« (UNLESBARE WÖRTER)

Eine weitere Kritik meiner HörerInnen bezieht sich auf die Tatsache, daß ich Wörter am Overhead manchmal so schnell »hinschmiere«, daß sie de facto nicht lesbar sind. Dies kann natürlich nur passieren, wenn man, wie ich, ständig LIVE zeichnet, schreibt etc. Ich hasse das systematische Auflegen von vorbereiteten Folien. Es erlaubt mir nicht, auf Zuschauer-Reaktionen einzugehen und schränkt meine Möglichkeiten ein, ein Thema bei großem Interesse auszuweiten oder aufgrund einer Zwischenfrage ein neues Thema anzuschneiden (weil hierzu vielleicht keine Folie vorbereitet wurde). Außerdem wirkt das Zeichnen und Schreiben LIVE viel natürlicher als das mechanische Auflegen der eigenen Vorbereitungen, an denen manche Redner sich regelrecht »festhalten«. Auf der anderen Seite beinhaltet diese STÄRKE auch eine Schwäche, nämlich meine zu schnelle Schrift bei großem Engagement. Diese Schwäche kann ich nicht »abstellen«, ohne meine Persönlichkeitsstruktur (und eine gewisse Spontanität) zu verlieren. Außerdem wird die Oberfläche des besonderen, sehr leistungsstarken Overheadprojektors, der bei Großgruppen zum Einsatz kommt, so **heiß**, daß ich den Stift unbequem halten muß, um mit meiner Handfläche möglichst weit vom Glas entfernt zu bleiben. Und in dieser Position kann ich nicht besonders »schön schreiben«. Es ginge zwar mit einem PINSEL, nicht aber mit diesen DICKEN Filzstiften, die ich benutze, damit auch die HörerInnen in der 35. Reihe noch etwas sehen können.

Trotzdem mußte ich das Problem einigermaßen in den Griff bekommen, wollte ich meine Effizienz nicht zu sehr einschränken. Auf meinen DVD-Mitschnitten kann man sehen, mit welcher **Gegenmaßnahme** ich zu kontern gelernt habe: Einige wenige Folien mit wichtigen Worten, z.B. die wichtigsten Begriffe des Vortrags, bereite ich als Wortbild vor (☞ »KaWa© – das Wortbild«, Seite 21) und **dadurch sind die geistigen Anker gut lesbar, deutlich, farbig etc.** Wenn ich dann zwischendrin »auch mal schmiere«, ist dies **ein wenig Spontanität**, die nur wenige stört. Bei NAMEN von Forschern, Autoren etc. bemühe ich mich, besonders **deutlich** zu schreiben, außerdem lade ich die TeilnehmerInnen in der ersten Reihe ein, sofort zu rufen, wenn ich unlesbar schreibe, was diese auch tun. Mit diesen Kompromiß-Lösungen können wir alle (ZuschauerInnen und ich) ganz gut leben.

Sie sehen zweierlei: **Erstens** geht es nicht immer unbedingt darum, die Schwächen zu korrigieren, indem wir unser **Verhalten** ändern, und zweitens kann es sinnvoll sein, **mehrere Teil-Strategien zu entwickeln**, um ein Problem (schlampige Schrift) zu lösen. Hier sind es **drei Ansätze**, die **parallel** zum Zuge kommen: **Erstens** vorbereitete Folien, **zweitens** Verhaltensänderung beim Schreiben von NAMEN, **drittens** meine Bitte um Hilfe aus der ersten Reihe.

RHETORIK-KAWA©

Im Wort-Bild zu diesem Modul stehen die Buchstaben für folgende Gedanken:

R = RE-KONSTRUKTION: Wenn die Wahrnehmung eine KONSTRUKTION darstellt, dann wird die Erinnerung natürlich zur WIEDERHOLTEN (= »re«) KONSTRUKTION, das heißt zur Re-KONSTRUKTION. Diese hängt sowohl davon ab, was wir ursprünglich wahrgenommen haben als auch von unserer MERK-Fähigkeit.

H = HUMOR: Ich muß wohl sicher nicht viel Überzeugungsarbeit leisten, um Einigung über die bekannte Aussage zu erzielen: Mit Humor geht alles besser. All unsere kommunikativen und rhetorischen Versuche können ebenfalls mit Humor »besser gehen«. Für alle, die sich mit diesem wichtigen Thema befassen wollen, gibt es inzwischen ein Buch (»Humor – an Ihrem Lachen soll man Sie erkennen«) und einen DVD-Live-Mitschnitt.

E = Er-WEIT-erung: Damit meinen wir sowohl die Er-WEIT-erung unseres REPERTOIREs als auch die Er-WEIT-erung unserer Insel.

T = TRAINING: Die einzige Möglichkeit, unsere Insel (= unser REPERTOIRE) zu er-WEIT-ern ist das Lernen von Dingen, die wir kennen, und das Trainieren von Dingen, die wir können wollen. Und mit diesem Buch-Seminar sind Sie ja im Begriff zu trainieren!

O = ORIENTIERUNG: Jede Rede (ob im Privatleben oder in einem Meeting, ob ein Vortrag oder eine Vorlesung) berührt immer die Orientierung unserer ZuhörerInnen. Wir müssen immer wissen, »wo« wir uns befinden (auch im übertragenen Sinne). Deshalb hassen wir es, wenn wir bei manchen Menschen nicht sofort erkennen können, »woran wir mit ihnen sind«, oder wenn Leute unsere Kenntnisse oder Erfahrungen in Frage stellen (es stellt gleichzeitig unsere Orientierung in Frage). Je unsicherer jemand ist, desto hilfloser wird er auf kleine Angriffe auf sein Weltbild, seine Wahrnehmung, seine Erfahrungen, Ziele, Meinungen etc. reagieren. Es ist ein hervorragendes Merkmal der Selbst- und Menschenkenntnis: Wie gut können wir damit umgehen, daß jemand unsere Orientierung in Frage stellt?

R = REPERTOIRE: Das zweite »R« steht für das Schlüsselwort dieses Buch-Seminars – überhaupt ist dies einer der wichtigsten Schlüsselbegriffe meiner Arbeit! Es ist das erklärte Ziel dieses Buches, Ihnen zu helfen, Ihr REPERTOIRE im Bereich Kommunikation/Rhetorik zu er-WEIT-ern. Dies entspricht gleichsam einer Insel-Er-WEIT-erung. Jede Er-WEIT-erung aber ist immer gut

a) für unser Selbst-WERT-Gefühl und

b) für die Kommunikation.

I = INSEL: Wir müssen mit unseren Worten die metaphorische Insel des anderen »treffen«. Wenn wir Glück haben, besteht bereits Übereinstimmung (das heißt unsere Inseln überschneiden sich), dann fällt es leicht, Menschen »anzusprechen«. Andernfalls erhebt sich die Frage, ob wir die Brücke zur Insel des Gegenübers (bzw. unseres Publikums) »bauen« können. Das aber geht nur, wenn wir uns für die Betroffenen interessieren.

I = INFO: Einer der Prozesse, um den es bei Kommunikation/Rhetorik geht, ist das sogenannte Informieren, also das »Senden« von »Infos« an andere.

K = KONSTRUKTION: Die Worte, die ein/e RednerIn von sich gibt, werden von jedem Empfänger im eigenen Kopf nicht einfach »gehört«, sondern verlieren durch eine Reihe von Filtern einiges, was diese aber ausgleichen, indem sie gemäß ihrer Erfahrungen ergänzen. So konstruieren sie die Botschaft, von der sie dann behaupten: Das hat der Redner gesagt. Genaugenommen meinen sie: Das haben wir »gehört« (= das haben wir konstruiert). Somit gilt: Eine Rede bedeutet so viele Konstruktionen dieser »einen« Rede, wie ZuhörerInnen anwesend sind.

SPRACH-GEWALT: DER GESCHMUGGELTE SATZ (RHETORIK-SPIEL)

Bei diesem Spiel[3] gilt es, unsere Worte mit viel Bedacht zu wählen. Also ein TRAINING, das unsere Wort-Gewalt verbessern kann. Beginnen Sie das Spiel als Inventur: Wie leicht fällt es Ihnen?

Merke: Je leichter es fällt, desto lieber spielt (= trainiert) man. Aber auch das Gegenteil gilt: Je schwerer es fällt, desto öfter sollte man trainieren (das heißt »spielen«). Alles klar?

Der Spielleiter hat mehrere Zettel vorbereitet, auf denen möglichst verrückte Sätze bzw. Satzteile stehen. Zwei diskussionsgewandte SpielerInnen nehmen in der Mitte der Spielrunde Platz. Jeder bekommt einen der vorbereiteten Sätze in die Hand gedrückt.

Nun beginnt eine Unterhaltung, in deren Verlauf beide Partner sich darum bemühen, »ihren« Satz möglichst frühzeitig einzuschmuggeln. Wer das Gespräch zuerst in eine Richtung gesteuert hat, die ihm das zwanglose Einflechten (seines) Satzes ermöglicht, hat gewonnen. Dabei ist es verboten, einfach an irgendeiner unpassenden Stelle mit dem Satz(-teil) herauszuplatzen.

---

3 Dieses Spiel fand ich in einem großartigen (leider regelmäßig vergriffenen) Spiele-Buch von Roland GÖÖCK: »1000 klassische und neue Spiele für drinnen und draußen«. (Manchmal kann man es bei WELTBILD finden, ansonsten gebraucht suchen – es lohnt sich!)

Es folgen zwei Varianten, die ich inzwischen entwikkelt habe. Diese zeigen Ihnen, wie gigantisch die Möglichkeiten sind, eigene Variationen zu spielen.

Zwei Varianten

1. Sie können versuchen, **Sprichwörter und Zitate** so unterzubringen, daß sie wirklich »passen«. Solche Sätze kann man von allen MitspielerInnen sammeln lassen, damit der/die SpielleiterIn nicht die ganze Arbeit hat, insbesondere wenn Ihnen das Spiel bald so viel Spaß macht, daß Sie es öfter spielen wollen.
2. Sie können **einzelne Fakten, Informationen oder Neuigkeiten** wählen, bei denen es nicht so sehr um die **Formulierung,** sondern um den **Inhalt** geht. Dies ist besonders spannend, wenn der Spieler ein »offizielles Thema« erhält (z.B. das 25jährige Hochzeitsjubiläum), in das er die ausgewählte Info einschmuggeln soll, z.B.:

   - Die Tabakindustrie wußte bereits Anfang der' 1970er Jahre genau, wie schädlich das Rauchen ist, das heißt zu einer Zeit, als sie mit dem Gesundheits- und Fitneß-Image von rauchenden Sportlern und Cowboys (Marlboro-Mann) zu werben begann.
   - Anfang 2003 haben die Chinesen einen weiteren Schritt ihrer aufwendigen Weltraum-Forschungen gemacht, über den man in den Nachrichten jedoch nichts erfuhr, da Raumfahrt in den Nachrichten fast vollkommen totgeschwiegen wird.

Versuchen Sie einmal, einen der beiden Punkte gleich heute oder morgen in ein normales Telefonat einzubringen, ohne daß Ihr Gesprächs-Partner sagt: »Wie kommst du denn darauf?!« Dabei gilt: Wenn Sie die Übung als Training sehen, dann dürfen Sie nicht sagen, WARUM Sie das Thema anschneiden (nicht sofort jedenfalls). Sie haben das Spiel quasi »verloren«, wenn Ihr Gesprächspartner sich wundert. Geht er aber auf Ihren »Einschub« ein oder merkt überhaupt nicht, daß einer stattgefunden hat, dann dürfen Sie einige Minuten später natürlich erläutern, was vorhin geschehen war.

TRAINING DER AUSDRUCKSWEISE: MEM-RHETORIK-SPIEL

In meinem Büchlein »Intelligente Party-Spiele machen klüger« beschreibe ich ein Versteigerungs-Spiel, bei dem man mitgebrachte Gegenstände versteigert. Das Anbieten/Beschreiben derselben kann natürlich auch **als rhetorische Übung** gesehen werden. Dabei schlage ich vor, das eingehende Geld vielleicht für wohltätige Zwecke zu spenden bzw. statt Geld andere Werte einzusetzen z.B. ZEIT, eine »Dienstleistung« (Abspülen, Autowaschen, Rasen mähen) u.ä.

Hier möchte ich Ihnen jedoch eine **neue Variante** anbieten, die inzwischen entstanden ist. Die Entwik-klung hört ja nie auf und auch publizierte Übungen entwickeln sich weiter. **Diesmal versteigern Sie** keine materiellen Dinge, sondern **GEDANKEN**, sogenannte MEMe. Dieser Begriff von Richard DAWKINS (in: »Das egoistische Gen«) beschreibt »kulturelle Gene« (z.B. **Ideen**, **Theorien**, **Paradigmen**), die wir ebenfalls von Generation zu Generation »vererben«. Allerdings gibt es einen großen Unterschied, denn MEMe können sich auch »horizontal« vermehren (innerhalb derselben Generation), während Gene nur »senkrecht« (von einer Generation zur nächsten) weitergereicht werden können. Es gibt schlechte, aber auch extrem hilfreiche MEMe, die wir als Denk-Tools nutzen können (vgl. meinen DVD-Live-Mitschnitt »Viren des Geistes«). In diesem **Rhetorik-Spiel** gilt es, **MEMe** zur **Auktion** anzubieten! Zum Beispiel:

- eine (wissenschaftliche) **Theorie**, die Sie gut/spannend finden;
- eine **Story**, die Sie beeindruckt;
- ein **toller Witz**, dessen Pointe allerdings erst **nach Erwerb** verraten wird;
- ein **Lied**, das Sie gern hören (wenn Sie es singen können);
- eine tolle **Technik**, die Sie kennengelernt haben (bitte immer auch den Namen der Erfinder oder Autoren angeben, von denen Sie sie gelernt haben oder

klar sagen, daß Sie die Methode selbst entwickelt haben).

Alles, was der menschliche Geist ersonnen hat, kann als MEM fungieren. Dabei können Sie grundsätzlich zwei Wege gehen.

1. DIE VORTRAGS-VARIANTE

Man klärt vorab, wieviel Zeit jede/r MitspielerIn für das Angebot (den Vortrag) zur Verfügung hat. Danach folgt das Versteigern (was gleichsam zeigt, wie gut der Vortrag bei den anderen »angekommen« ist): Wer möchte die Sache »kaufen«? Hier kann von Spielgeld über »Punkte« bis zu echten »Gegenleistungen« alles mögliche vergeben oder als »Zahlungsmittel« eingesetzt werden.

2. DIE FRAGESPIEL-VARIANTE

Es gilt, ein MEM anzubieten, das **erraten** werden soll. So könnte man seine Lieblings-Theorie oder jeden Wissensstoff, der gelernt werden soll, zu Rätseln machen. Die Technik, aus interessanten Fakten (bzw. Lernstoff) Rätsel zu »basteln«, bietet uns viele Vorteile. Nicht nur lernt man einiges über den Gegenstand (im Gegensatz zum stupiden PAUKEN, vgl. »Lernen« Seite 32ff.), man lernt parallel vollautomatisch eine Menge **darüber, welche Arten von Informationen WESENTLICH sind** (sie ermöglichen ein schnelles Erraten).

Sie können **wichtige Aussagen**, die Sie im Alltag öfter benötigen, in dieser Weise testen. Wenn Ihr Gedankengang »spannend« ist, wird man in der MEM-Versteigerung dementsprechend hoch steigern, andernfalls »fällt er durch« (er bleibt auf dem Regal liegen).

Diese neue Trainingsaufgabe hat in Seminaren inzwischen extrem aufregende Aha-Effekte ausgelöst! Das Ganze liest sich weit weniger spannend, als es sich »spielt«. Auch hier gilt: Probieren geht wieder einmal meilenweit über Studieren (also reines Lesen)! Wann machen Sie die Probe aufs Exempel?

ÜBUNG

Bitte denken Sie bei »Rede« nicht nur an Situationen, in denen ein/e einzelne/r RednerIn zu einem Publikum spricht. Wann immer wir eine **Aussage** machen, halten wir de facto eine (kleine) Rede, das beginnt schon beim **Witz**.

Wenn einige Ihrer FreundInnen, NachbarInnen, KollegInnen etc. ihre Rhetorik-Fertigkeiten ebenfalls verbessern wollen, könnten Sie regelmäßig kleine **Übungen** veranstalten. Man kann durchaus ohne (teuren) Trainer üben, wie die amerikanischen TOASTMASTER seit Jahrzehnten beweisen. Inzwischen gibt es sie auch bei uns (www.toastmasters.de). Dort trifft man sich einmal die Woche und übt sich rhetorisch. Aber

Sie können auch im Nachbarschafts- und Freundeskreis trainieren. Allerdings sollte dann eine Person als »SpielleiterIn« für das jeweilige Treffen fungieren. (Man kann am Ende jeder Trainingsphase die Person für das folgende Training auslosen.) Die Rolle des Spielleiters bedeutet, ein wenig als Moderator zu fungieren, die Übenden aufzurufen, bei Zeitlimit-Übungen den Timer zu stellen etc.

Wer normalerweise **stehend reden** muß, sollte auch **stehend üben**, während Menschen, die vor allem für wichtige Aussagen in **Meetings, Verhandlungen, Konferenzen** etc. trainieren, **im Sitzen üben** sollten. Je näher die Übungs-Situation an die jeweilige Praxis heranreicht, desto mehr Aspekte können Sie **vom Üben ins tägliche Leben übertragen**. Dies hat damit zu tun, wie unser Gehirn funktioniert; ich nenne es den **TAPETEN-Effekt**. Er basiert auf der Tatsache, daß unser Gehirn immer eine Menge Daten aus der UMWELT **mitspeichert**. Dies geschieht genauso unbewußt, wie wir eine Tapete nicht wirklich registrieren, nur daß wir die Lern-Umgebung (Lern-Tapete) von der Lern-Situation in die Ziel-Situation mitnehmen. Beispiel **Prüfungslernen** oder **jegliche Vorbereitung** (für eine Prüfung, wichtige Verhandlung, Konferenz oder eine wichtige Rede): Lernt man zu Hause im vergammelten T-Shirt mit den alten (kurzen) Stiften und einseitig bedrucktem Schmierpapier und trägt später in der Prüfung (Präsentation, Verhandlung etc.) den neuen Anzug (das neue Kostüm) und arbeitet dort mit neuen (langen) Stiften auf einem Block – dann gibt es kaum etwas, das man aus der Vorbereitungs-Situation transferieren kann. Man hat quasi die TAPETE zu Hause gelassen. Deshalb müssen wir **in der Endphase** (im letzten Drittel) der Vorbereitungen so üben, wie wir agieren wollen:

- Tragen Sie **dieselbe Kleidung** (mehrere identische Blusen/Hemden erleichtern diesen Teil der Lern-Taktik).
- Benutzen Sie **dieselben Stifte, Ringmappen, Taschenrechner u.a.**, damit Sie im Blickfeld dieselben Gegenstände (unbewußt) registrieren.
- Legen Sie einen Hauch des **Rasierwassers/Parfüms**, das Sie normalerweise »draußen« tragen, auch bei den Vorbereitungen und beim Üben auf (☞ »Steine im Fluß©«, Seite 81ff.). Da sich unser intelligentes »Denk-Hirn« einst aus dem Rhinencephalon (= Riech-Hirn) entwickelt hatte, sind Düfte besonders eng mit **Erinnerungen** verbunden.

Bei einer Übung, zu der sich **mehrere Menschen** äußern, sollte jede/r einzelne stehen oder sitzen, **je nachdem, wofür** er/sie **trainieren will**. Wer sagt denn, daß alle MitspielerInnen dieselbe Variante üben müssen? Weitere Ideen für Trainings-Aufgaben finden Sie in meinen anderen Rhetorik-Titeln (»Rhetorik-Training«, »Rhetorik – Redetraining für jeden Anlaß« und das

Rhetorik-Kartenset »Rhetorik. 50 Übungskarten für perfekte Redekunst«).

VORBEREITUNG EINER REDE

Die meisten Praxis-Probleme haben weniger mit dem Wissensgebiet oder der Art von Handlungen zu tun, der wir sie zurechnen, als mit mangelnder Vorbereitung. So sind z.B. die meisten rhetorischen Probleme keine »rhetorischen«, weil sie nicht wirklich vom VORTRAG der Infos, Daten, Ideen etc. abhängen, sondern von der Tatsache, daß die Menschen sich ungenügend vorbereiten. Da dies eine meiner ersten wichtigen Einsichten aus meinen Rhetorik-Seminaren war, beschrieb ich bereits relativ früh eine Gegenmaßnahme, das heißt eine gehirn-gerechte Art der Vorbereitung, mit deren Hilfe ich **mich auch heute noch auf jeden NEUEN Vortrag einstimme**. Sie beinhaltet den wichtigen Aspekt, daß man die meisten (eigenen) Reden nicht schreibend, sondern sprechend entwickeln muß, wenn der LIVE-Vortrag KEIN Aufsatz sein soll. Ausnahmen sind Reden, die man **für andere** schreibt, die sich oft nicht einmal die Mühe machen, das Ablesen zu trainieren (☞ »Rezitations-Spiel« Seite 44ff.), oder Reden, die vorab an die Presse verteilt werden und daher **wort-getreu** vorgetragen werden müssen. Das war die ursprüngliche Bedeutung des Begriffes VORTRAG, ehe man auch die freie REDE als Vortrag zu bezeichnen begann.

Die Beschreibung meiner eigenen Trainings-Technik (während meines USA-Aufenthalts anhand hilfreicher Tips unserer Dozenten in Rhetorik-Seminaren am College entwickelt) war zuerst jahrelang eine **Seminarunterlage**, ehe sie später in das eine oder andere meiner Bücher (meist als MERKBLATT in den Anhang) wanderte (damit neue LeserInnen es zur Kenntnis nehmen konnten, ohne daß es »alte« LeserInnen im Haupttext störte). Wenn auch Sie dieses Dokument noch nicht kennen, finden Sie es im Anhang (s. Seite xx) oder können es kostenlos herunterladen (www.birkenbihl-insider.de, Textschublade).

Was wir allerdings hinzufügen sollten, ist meine **ERFOLGS-KONTROLL-METHODE**, die ich **2007 erstmals ver-ÖFFENTLICH-t habe** (sie war seit den 1980er Jahren **exklusiv** meinen Manager-Kunden in Seminaren und Coachings vorbehalten). Sie finden sie unter der Überschrift »Mini-Rhetorik-Training« (Seite 35 ff.) sowie zwei Varianten davon unter »Rezitations-Spiel« (Seite 44ff.) und unter »Witze erzählen« (siehe unten). Aber sie kann **für viele Arten von Verhalten** eingesetzt werden.

WITZE ERZÄHLEN (Quelle: »Rhetorik-Training« mit 3 CDs)

Sie kennen die alte Leier: »Ich kann keine Witze erzählen.« Was die Menschen, die das gern von sich behaupten, nicht berücksichtigen, ist, daß jeder **Witz** eine **Mini-Rede** darstellt sowie, daß man **Reden nur durch Reden lernen** kann. Deshalb schlage ich vor, daß Sie das Erzählen von Witzen benutzen, um das »Mini-Rhetorik-Training« (Seite 35ff.) zu TESTEN. Wenn Sie merken, wie phänomenal sie funktioniert, sind Sie sicher auch bereit, wichtige Module von »echten« Reden auf diese Weise zu trainieren. Dies hat den Vorteil, daß Sie die Trainings-Methode mit Witzen üben, bis Ihnen das Prozedere in Fleisch und Blut übergegangen ist. Danach können Sie es mit anderen Inhalten füllen.[4]

Damit Sie sofort starten können, finden Sie im Merkblatt Nr. 3 **fünf mögliche Witze**. Viel SPASS bei Ihrem Training!

ZWEI ZUHÖR-ÜBUNGEN

1. Mini-Stegreif-Rede mit Überraschungs-Effekt

Alle MitspielerInnen wählen eine Thematik, die ihnen am Herzen liegt. Nun gilt die Anweisung: Stellen Sie kurz Hintergründe zu Ihrem Thema vor, und schildern Sie dann unmißverständlich Ihre persönliche Meinung dazu. Zeit: Minimum 4 Minuten, Maximum 5 Minuten

4 Übrigens lautet die **VORSTUFE** hier: Sie können den Witz die ersten Male gern ablesen, das **eigentliche Training beginnt** jedoch erst mit dem **freien Erzählen** (= freies Sprechen, Mini-Rede halten).

Überraschungs-Effekt
Nach drei Minuten wird der/die SprecherIn unterbrochen und es »passiert etwas«, z.B. ein Uralt-Telefon klingelt und kann nicht abgestellt werden, der/die SpielleiterIn ruft ohne Vorwarnung laut »Stop!« und dann schweigen alle, während man als RednerIn keine Ahnung hat, was »los ist«, oder alle (vorher eingeweihten) ZuhörerInnen laufen auf ein Zeichen des/r SpielleiterIn **hinaus** etc.

Wählen Sie eine Variante, die den Anwesenden entspricht. Die 80jährige Oma werden wir wahrscheinlich weniger durch Hinausrennen schockieren können als ihre 17jährige Enkelin. **ACHTUNG:** Es soll durch die Übung ein **Überraschungs-Effekt** ausgelöst werden, nicht aber eine akute Frustration! Im Zweifelsfall spielen Sie die Variante, die am wenigsten frustriert, nämlich das »Stop!«-Rufen mit sofortiger Erklärung, was durch die Unterbrechung erreicht bzw. trainiert werden soll. Das kann sein:

1. **Wie gehen die SprecherInnen EMOTIONAL damit um, wenn sie mitten im Fluß unterbrochen werden?** Das kann bei echten Reden immer passieren, es gibt weit mehr Möglichkeiten, als man sich allgemein vorstellt, z.B.:
   - **Mikrophon-Probleme**: Hinten im Saal schreien Menschen, daß sie nichts hören.

- **Unangenehme Zwischenrufe**, z.B. wenn Politiker reden. Solche Zwischenrufe sollen ausschließlich stören!
- **Jemand** bekommt plötzlich ein **Gesundheitsproblem** (man RUFT nach einem Arzt).

2. **Wie gehen die SprecherInnen INTELLEKTUELL mit der Unterbrechung um?** Verlieren sie den Faden, bis sie wieder anfangen können? Helfen sie ihren ZuhörerInnen, wieder »einzusteigen«, nachdem die Störung beseitigt wurde?
3. **Hatten die Zuhörer vor der Unterbrechung bereits begriffen, worum es dem/der SprecherIn ging?** Es gibt Menschen, die labern endlos und versuchen am Schluß alles Wichtige in die letzte Minute zu pakken, während andere in drei Minuten alles WESENtliche gesagt haben und ab diesem Moment ausbauen, an-REICH-ern, er-WEIT-ern, ver-TIEFen, so daß die Unterbrechung inhaltlich leicht »verkraftet« werden kann.
4. **Wie geht das Publikum mit der Unterbrechung um?** Wenn nicht vorgewarnt wurde sind manche erleichtert, daß es vorbei ist (vier Minuten mit einem/einer langweiligen RednerIn können sich ganz schön hinziehen). Manche hingen aber vielleicht auch an den Lippen der Person, die gerade vortrug, und sind frustrierter als die unterbrochenen RednerInnen selbst. Wenn das Publikum vorher Bescheid weiß: Versuchen einige gar nicht erst in

den Vortrag »einzusteigen« und machen den/die RednerIn zusätzlich nervös, weil sie nicht wirklich zuhören? Spiegeln einige ihr Wissen durch »vielsagende« Blicke untereinander etc. (was eine/n RednerIn ebenfalls nervös machen kann)?

Nach der Unterbrechung gibt es viele Möglichkeiten weiterzuspielen. Hier nur einige, um Ihre Phantasie anzuregen:

1. Der/die SprecherIn erklärt, wie er/sie die Unterbrechung »fand« (eine gute Übung, um zu lernen, Gefühle in Worte zu fassen).
2. Der/die SprecherIn erklärt, wieviel Prozent der wichtigen Informationen er/sie bereits von sich gegeben hatte und darf jetzt zu Ende sprechen (falls er/sie meint, das sei unnötig, ist das selbstverständlich auch ok).
3. Die ZuhörerInnen schreiben auf, wie sie die emotionale Reaktion des/der SprecherIn einschätzen (z.B. »Gabriel hat sich mächtig geärgert, als er unterbrochen wurde.«).
4. Die ZuhörerInnen notieren, was sie bis zur Unterbrechung von dem Vortrag verstanden haben (vgl. Übung Nr. 2, Seite 75ff.).

Es kann auch interessant sein, Kombinationen zu spielen, z.B. erst Variante 3, dann Variante 1. Sie sehen, es gibt viele Möglichkeiten, und die besten fallen einem ein, wenn man zu spielen beginnt! Diese Ideen hier sollen Sie vor allem animieren, anzufangen. Egal, wie oft Sie dieses Spiel erleben, es ist immer wieder spannend! Man lernt Menschen übrigens durch solche »Spielchen« weit schneller kennen als auf tausend Parties.

Übung 2: Eine »vorgelesene« Rede

Alle MitspielerInnen verfassen eine kurze Aussage/Rede zu einem Thema, das ihnen wichtig ist. Schreiben Sie **mindestens 10, maximal 15 Sätze**. (Vielleicht wollen Sie mit jedem Satz eine neue Zeile anfangen und die Sätze numerieren?) Nun wird eine Person bestimmt (oder ausgelost), die ihr eigenes Statement einmal »laut und deutlich« vorträgt.

Variante für Leute, die schreiben wollen (sollen, müssen)
Nach dem Schreiben wird ausgelost, wer das Statement jener Person vorlesen soll. Diese Variante kann ich allen angehenden JournalistInnen, SchreiberInnen und SchriftstellerInnen nur wärmstens empfehlen, denn **wir merken sofort, wie ein Text bei anderen ankommt**, wenn diese **unsere eigenen Worte vorlesen**. Deshalb arbeite ich regelmäßig mit Personen zusammen, die vorher einwilligen und dann zu einem ausgemachten Zeitpunkt mitmachen. So teste ich wichtige Texte, indem ich sie zuerst an meinen Partner faxe und dann am Telefon warte, bis er angekommen ist. Nun muß die Person sofort laut lesen, ohne sich vorher zu orientieren. Dabei lerne ich am meisten darüber, welche Sätze schwer zu verstehen sind, welche Wörter vielleicht unverständlich sind etc.

Warum darf die Person sich vorab nicht orientieren? Antwort: Wenn eine Person vorher leise lesen darf, wird sie **(unbewußt) so manche Schwachstellen meines Textes durch Ergänzung überbrücken** (wie es der Autor, wenn er selber laut liest, ebenfalls automatisch tut), aber genau das wollen wir ja **vermeiden**. So erfahren wir am besten, wie unser Text »ankommt«.

Eine häufige Frage lautet: Dürfen Notizen gemacht werden? Antwort: Einsteiger ja, Fortgeschrittene nein. Warum nicht? Antwort: Die wenigsten Menschen schreiben bei echten Gesprächen (beruflich wie privat) mit und diese ZUHÖR-ÜBUNG soll die Alltags-Situation spiegeln. Wenn wir **nur hören** (oder bei der Lese-Variante **nur lesen**), **ohne mitzuschreiben**, dann wird unser Gedächtnis sehr wichtig, denn wir können uns nur merken, was wir auch begriffen haben (genau wie bei vielen echten Gesprächen in der täglichen Praxis).

Spiel-Anweisung

Nehmen Sie ein einzelnes Blatt, das Sie später **abgeben** können. Nach der Übung verfassen alle MitspielerInnen ein Protokoll. Numerieren Sie die Sätze. Notieren Sie so genau wie möglich: Was hat der Sprecher oder die Sprecherin **gemäß Ihrer Erinnerung** gesagt? Der/die SpielleiterIn sammelt die Blätter ein.

Hinweis für SpielleiterInnen

Mischen Sie die Bögen gut sichtbar durcheinander und ziehen **ostentativ wahllos** einen heraus, der anschließend **vorgelesen** wird. Es ist wichtig, daß diesmal keinesfalls die Person vorliest, deren Protokoll »dran« ist; die Protokollanten **sollen anonym bleiben**. Denn unser Ziel besteht darin, festzustellen, wie gut oder schlecht **der/die AutorIn jenes Statements sich verstanden fühlt**, nicht aber, **wer welche Lücken** in seinem Protokoll stehen hat! Anschließend fügt die Gruppe hinzu, was noch fehlt. Erst ganz am Schluß äußert sich der/die ursprüngliche SchreiberIn dazu (Rückkoppelung).

Wenn die Gruppe möchte, können auch **Bewertungen** (z.B. auf Bögen mit Checklisten-Charakter) eingeführt werden. So kann z.B. die Person, deren Statement gerade protokolliert wird, dem zufällig ausgewählten Protokoll (das wir vorlesen) bescheinigen:

- Das Protokoll enthielt ca. ___ % der von mir als wichtig erachteten Informationen.
- Ich fühle mich ____________________ verstanden.
  a) gar nicht
  b) einigermaßen
  c) halbwegs
  d) gut
  e) sehr gut

Es ist wichtig, daß jede Gruppe, die spielen bzw. trainieren will, selbst entscheiden darf, wie sie dies handhaben will. Hier neigen manche Lehrkräfte, AusbilderInnen und TrainerInnen leider dazu, Übungen »zu regeln«, indem sie einen Riegel vor etwaige Ideen der TeilnehmerInnen schieben, so daß mögliche Entdekker-Freuden stark eingeschränkt (bis ganz verhindert) werden. Schade!

Variation: Lese-Übung

Natürlich kann man eine Parallel-Übung entwickeln, bei der alle die Statements zu lesen bekommen (**um z.B. die schriftliche Aufnahmefähigkeit zu trainieren**). Hierzu wird ein Fotokopiergerät benötigt, so daß alle die Statements EINER Person gleichzeitig lesen können. Ansonsten läuft die Übung wie bereits angesprochen ab.

VARIATION: HÖREN UND LESEN

Man kann sogar **beide** Verfahren durchführen. Dies ist z.B. dann besonders sinnvoll, wenn Anwesende **noch nicht sicher** sind, ob sie Informationen im Zweifelsfall lieber hören als lesen.

Man kann natürlich **viele Male üben** (Hör- und/oder Lese-Übung), bis alle Anwesenden ihre **eigene Präferenz kennen** bzw. wissen, wo sie mehr Schwierigkeiten haben (an denen sie vielleicht arbeiten wollen).

Wichtig: Im allgemeinen ist es zwar hilfreicher, die eigenen Stärken systematisch auszubauen, statt sich wegen irgendwelcher Schwächen verrückt zu machen. Allerdings gibt es **bei konkreten Handlungsweisen**, wie dem Halten einer Rede, **gewisse Schwächen, an denen man arbeiten muß**, will man die eigene **Effektivität nicht gefährden** (☞ »Redner-Schwächen«, Seite 52).

Diese Art von Aufgaben sind u.a. für derzeit Arbeitslose besonders gut geeignet, denn viele von ihnen kennen ihre Stärken und Schwächen viel zu wenig, als daß sie sich gezielt anbieten bzw. weiterbilden könnten. Je länger jemand zuvor in einer bestimmten Richtung gearbeitet hat, desto weniger weiß er/sie, welche anderen Arten von Leistungen für ihn/sie ebenfalls interessant sein könnten.

Anhang

MERKBLATT NR. 1: STEINE IM FLUSS©

Diese Technik stellte ich 1995 (auf der Jubiläums-Tagung: »25 Jahre Birkenbihl«) erstmals 280 TrainerInnen im Sheraton in München vor. Später wurde sie in meinem Buch »Rhetorik – Redetraining für jeden Anlaß« veröffentlicht sowie in einem Sonderdruck von EDDING und als kostenloses e-book (2002). Es geht dabei um die (oft gestellte) Frage:

Wie bereitet man eine Rede (Präsentation) professionell vor?

Nun, ich möchte Sie warnen: Ich verrate Ihnen gern, wie ich auch heute noch (!) **jeden** meiner neuen Vorträge (bzw. neue Module in Seminaren) vorbereite, aber es ist **mit Arbeit verbunden**. Dies ist der Weg, der maßgeblich zu meinem Erfolg als Vortragende beigetragen hat. War ich anfangs (ab 1970) innerhalb weniger Tage/Wochen zu buchen, bin ich seit Mitte der 1980er Jahre auf ca. ein bis zwei Jahre im Voraus ausgebucht und betreibe seit 1975 keinerlei Akquise mehr für mein Institut (das heißt für firmeninterne Veranstaltungen bzw. für Vorträge/Seminare, die meine Kunden ihren Kunden anbieten). Die einzige Werbung, die Sie je gesehen haben können, sind Infos über ein **offenes** Seminar (Datum, Veranstaltungsort, Eintrittspreis etc.).

Grundlage der Metapher (Steine im Fluß) ist eine Story – eine jener Wander-Geschichten, die man in verschiedenen Ländern findet, in denen es darum geht, daß jemand **anscheinend über Wasser geht** und sich am Ende herausstellt, daß er lediglich wußte, **wo die** (vom Wasser bedeckten) **Steine liegen**. Denn es geht darum, daß wir »fließend« sprechen (der Fluß) sowie daß wir, wenn wir »ins Schwimmen« geraten könnten (unsicher werden), auf **STEINE IM FLUSS springen** und wieder »festen Boden« unter den Füßen gewinnen können.

Je vertrauter uns der Inhalt dessen ist, was wir gerade erzählen, **desto mehr Steine befinden sich im Fluß**; je neuer ein Thema für uns ist, desto stein-loser ist dieser Fluß(abschnitt) und **desto gefährlicher** wird es für uns.

Da ich die feste Meinung vertrete, daß unser (zahlendes) Publikum keine Ansammlung von »Versuchskaninchen« darstellt, müssen wir unser Training **vor dem eigentlichen Vortrag erledigen**. Deshalb nenne ich den Personenkreis, mit dem ich **vorab** (quasi noch im Trockendock) üben kann, »Versuchskaninchen«. Der Begriff wurde ursprünglich von meinen »Versuchspersonen« benutzt und hat sich inzwischen eingebürgert, ist also keinesfalls abschätzig gemeint. Denn jemand, der sich als »Versuchskaninchen« zur Verfügung stellt, geht ja ein Risiko ein: Das Material könnte langweilen, unverständlich sein etc. – man weiß es vorab ja nicht. Inzwischen kommen immer wieder neue Menschen auf mich zu mit der Bitte, in die Liste der »Versuchskaninchen« aufgenommen zu werden, und so gibt es immer wieder neue, mit denen ich Verbesserungen (Updates) von alten Themen üben kann, während ich mit »alten« Versuchskaninchen neue Themen angehe.

Steine im Fluß© stehen für **Wissens-Module** im Vortrag. Dabei handelt es sich um **Informations-Einheiten**. Manche sind relativ klein (ein kleines Fallbeispiel), andere können ein 15- bis 30-Minuten-Modul beinhalten. Diese großen wie kleinen Steine im Fluß bieten uns **Sicherheit**. Sie geben uns **jederzeit sicheren »Halt«**. Dabei beinhaltet die Metapher zwei Teile: **Steine** und **Fluß**. Dieser wiederum spiegelt **zwei Aspekte**: Erstens den Fluß der Rede (ohne Denk-Blockaden, ohne viele Ääähs, etc.), aber auch die Größe des Wasserkörpers, in dem wir »stehen«. Etwas boshaft ausgedrückt, könnte man sagen: Manche RednerInnen stehen in einem Tümpel – nach den ersten drei bis fünf Stunden haben sie kaum noch Neues zu bieten. Andere stehen in einem kleinen Bächlein und wieder andere in einem metaphorischen Fluß. Aber wenn dieser Bach oder dieser Fluß keine Steine besitzt, dann müssen sie alles ablesen und klammern sich krampfhaft ans Rednerpult – daher lautet die

Doppel-Frage an Sie: **Wieviel Fluß** (Themen, Wissensgebiete, mit denen Sie sich befassen) und **wieviele Steine** (in welchen Teilen des Flußes) **haben Sie sich bisher erarbeitet?**

Leider haben die wenigsten von uns in Schule und Ausbildung erfahren, wie man sich optimal auf ein Thema (sei dies ein Aufsatz, ein Meeting, eine Prüfung oder eine Rede) vorbereitet. Ich habe meine besten Tips in den USA auf dem College gelernt, vor allem in Seminaren über das Schreiben! Daher möchte ich Ihnen zeigen, wie ich **meine Steine im Fluß** vorbereite. Wenn ich **neue Konzepte entwickle**, dann notiere ich meine ersten und zweiten **Stichworte** und **Grundgedanken**. Hier kommen u.a. die **ABC**- und **KaWa**©-Technik zum Tragen (vgl. Seite 22 und Seite 99). Ich lege mir interessante **Zitate** aus Fachpublikationen und aus Zitate-Sammlungen zurecht (vgl. meine Zitate-Technik in »Mehr intelligente Kopf-Spiele«), die ich vielleicht zitieren oder paraphrasieren möchte. Ich sammle u.a. Materialien mit guten Fallbeispielen. All dies ist VOR-Bereitung, eine erste Hinführung, die eigentliche Vorbereitung der Rede folgt erst DANACH!

Stufe 1: Die erste Rohversion

Nun spreche ich eine erste **Rohversion** auf Band (ich arbeite immer noch am liebsten mit Kassetten, Sie vielleicht lieber digital). **Ich spreche immer frei** und ich rate Ihnen dringend, keinen Vortrag »auszuformulieren« und dann abzulesen (Ausnahme: Wenn der Vortrag später tatsächlich abgelesen werden **muß**). Zwar können Top-Führungskräfte, die **einmal** im Jahr auf der Hauptversammlung ihrer Händler »eine Rede halten« **müssen** – wiewohl diese Aufgabe ihnen absolut nicht liegt–, diese auch ablesen, aber hier ist es bereits ein Zeichen von Schwäche (im Gegensatz zur Rede eines Politikers, die gelesen werden muß, weil ihr Inhalt bereits an die Presse ging)! Wenn jedoch professionelle LehrerInnen, RednerInnen und TrainerInnen unfähig sind, **während der Vorbereitung frei zu formulieren**, dann sollten sie sich fragen, ob sie zu früh begonnen haben oder überhaupt den richtigen Beruf haben! Schließlich geht es doch darum, Gedankengänge, die wir bereits innerlich »verarbeitet« und zu Ende gedacht hatten, der **nächsten Entwicklungs-Stufe** zuzuführen, indem wir jetzt lernen, sie **aktiv auszudrücken**. Wenn meine Rohversion Nr. 1 fertig ist, dann ziehe ich als erstes eine **Kopie**. Nichts wäre schlimmer als ein Bandriß, wenn es einem gerade gelungen ist, einen schwierigen Sachverhalt einigermaßen klar zu erläutern. (Früher bedeutete das, daß ich beim ersten Abhören ein Doppelkassettengerät verwendete, das automatisch eine Kopie zog; heute, digital, kann das Band nicht mehr reißen, aber auch hier ist es sicherer, eine Kopie des Akkustik-Files auf ein anderes Speichermedium zu SAVEn!)

Nun hören Sie diese erste Variante mehrmals: beim Autofahren (fast nebenbei!), beim Gassigehen, in der Küche usw. Wenn Sie die Rohversion anhören, dann versuchen Sie, **zwei Fragen** zu beantworten:

1. **Was ist mir bereits gut gelungen?** Wo ist eine Formulierung besonders geglückt? Wo ist mir spontan ein schönes Fallbeispiel eingefallen? Welche Assoziationen, die ich beim Zuhören hatte, könnte man hier einsetzen?
2. **Was gefällt mir (noch) nicht?** Das fällt Ihnen spätestens ab dem dritten Anhören auf. Beim ersten Mal sind Sie vielleicht noch vollkommen von Ihrer eigenen Brillanz gefangen, vor allem am Anfang, wenn Sie die Übung die ersten Male machen. Deshalb suchen Sie beim **wiederholten** kritischen Abhören, die Schwachstellen. Merke: Wenn Sie beim wiederholten Hören dazu neigen, eine Stelle zu überspringen, gilt: Was uns selbst beim dritten oder vierten Mal langweilt, langweilt die HörerInnen bereits beim ersten Mal. Also: Weniger Redundanz, vereinfachen, verkürzen etc.

Und noch etwas zum Aspekt des Wiederholens: Viele Menschen fürchten jede Wiederholung, weil sie nur einfache flache Beispiele kennen, die tatsächlich beim Wiederholen nichts GEWINNEN können. Aber **gute Texte** (ob Vortrag oder Text, ob Fachtext oder literarischer Text) **gewinnen mit Wiederholungen**. Warum? Antwort:

> Ein guter Text/Vortrag gewinnt mit Wiederholungen, weil er REICH an Exformationen (das heißt an Informationen »zwischen den Zeilen«) ist und wir **bei jedem erneuten Hören andere Aspekte** herauspicken. Diese leiten sich aus Assoziationen her, die **heute** aufgrund unserer gestrigen und heutigen Erfahrungen ausgelöst werden, beeinflußt von unseren heutigen Hoffnungen, Zielen und Motiven.

Das heißt: Sie haben die erste Rohversion **einmal** auf Band bzw. digital aufgezeichnet und **mehrmals abgehört**, ehe Sie den **nächsten** Entwicklungs-Schritt »beschreiten«, denn erst, wenn Sie die beiden Fragen (Was war schon gut? Was war noch schlecht?) beantworten können, hat es Sinn, die **zweite Rohversion** auf Band zu sprechen (aufzuzeichnen). Das, was Ihnen gut gefallen hat, werden Sie **beim zweiten Durchgang** (fast automatisch) wieder »bringen«, eben **weil** es Ihnen gefallen hat.

An den Stellen, an denen Sie noch schwach waren, arbeiten Sie jetzt. Sie können ja jederzeit zurückspulen und Teile neu sprechen oder pausieren, während Sie nach Worten suchen. Das ist sehr einfach (jetzt verstehen Sie, warum ich nach wie vor Kassetten verwende – ich kenne noch keine digitale Aufzeichnungsmethode, die so bequem ist, wie das kurze Rückspulen und neu aufsprechen.)

Übrigens: Wenn mir die eine oder andere Passage auf einer Rohversion besonders gut gelungen ist, dann überspiele ich diesen Teil (von Kassette zu Kassette) auf die nächste Rohversion, damit ich diese Stelle auch weiterhin mehrmals von der gut gelungenen ersten hören kann. Bald kann ich diesen **Zufallserfolg** bewußt nachvollziehen! (Diese Beschreibung ist zwar viele Jahre alt, aber aus heutiger Sicht – 2008 – kann ich hinzufügen, daß wir heute wissen warum: Bei allen Durchgängen »bauen« Sie sogenannte SPIEGEL-NEURONEN an. Es gibt visuelle wie akustische, die u.a. für Imitationslernen zuständig sind. Und wenn Sie sich selbst mehrmals hören, kreieren Sie eine Möglichkeit für Imitationslernen. Das ist der neurophysiologische Hintergrund, der uns HEUTE zeigt, warum die Technik seit Jahrzehnten so gut funktioniert!)

Stufe 2, 3, 4 ...: Die nächsten Rohversionen

Wiederholen Sie diesen Duktus so oft wie nötig! Ich mache für manche Vorträge **einige(!)** Rohversionen und investiere durchaus vier bis fünf volle Arbeitstage in ein 45-Minuten-Referat für einen Kongreßbeitrag (bei **neuem** Material). Damit meine ich vier bis fünf **Arbeitstage** über einen größeren Zeitraum verteilt: Ich fange nämlich **Wochen vorher** an, denn ich will ja **alle** Rohversions-Kassetten **mehrmals** hören, also kann ich nicht wenige Tage vor dem Termin beginnen. Wenn ich Wochen vorher anfange und mir die erste Rohversion auf den nächsten zwei, drei Reisen unterwegs im Auto anhöre (mit Notizen in den Fahrpausen zwischendurch), so folgen viele Rohversionen, bis ich mit dem Vortrag recht zufrieden bin. Diese letzte Version höre ich noch einige Male, insbesondere auf dem Weg zu diesem Vortrag!

Es sind oft sechs bis sieben Rohversionen (in Ausnahmefällen mehr). Rechnen Sie mit: Sie hören jede Rohfassung zwei bis drei Mal!

> Wenn Sie dann **vor dem Publikum** stehen, dann gehen **Sie** das Material **heute zum 20. bis 25. Mal** durch. So merkt kein Mensch, daß dieser Vortrag **für Sie neu** war. Genaugenommen ist er ja mit dieser Technik für Sie **nicht mehr** (sooooo) **neu.**

Allein oder mit »Versuchskaninchen«?

Manche Menschen, insbesondere Leute, die seit Jahren diktieren und gewohnt sind, in ein Mikro zu sprechen, ziehen das alleinige Arbeiten vor. Andere aber kommen sich »doof« vor, wenn Sie allein in das Gerät sprechen sollen. Auch gibt es Inhalte, die sind für uns selbst noch so neu, daß wir ein Echo brauchen, ein **Feedback**, wie es bei anderen ankommt. Dann ziehen wir es vor, mit einer Person darüber zu reden. Suchen Sie sich deshalb einige Gesprächspartner, die Sie spontan anrufen können, wenn Sie in den Vorbereitungen für einen neuen Vortrag stecken. Bei solchen Telefonaten lasse ich **ebenfalls ein Kassettengerät** mitlaufen. Da ich den Lautsprecher auf LAUT stelle, kann ich Zwischenfragen oder Kommentare meiner GesprächspartnerInnen ebenfalls mitschneiden.

Wichtig ist, daß Sie solche Gespräche **nur mit Menschen** führen, mit denen Sie **vorher** abgeklärt haben, daß sie Ihnen als »sounding board« **helfen wollen**. Das heißt, die Funktion dieser Menschen während diesem Telefonat besteht darin
a) Ihnen zuzuhören und
b) aktiv mitzudenken!

Diese Menschen dürfen Ihnen **jetzt keinesfalls** jede erste Assoziation erzählen, die ihnen beim Hören **einfällt**! »Versuchskaninchen« stellen Verständnis-Fragen oder äußern Einwände, **wenn sie etwas nicht verstehen** oder absolut nicht akzeptieren können. **Diese Menschen geben uns die Gelegenheit, eine gute Rohversion zu produzieren**, bei der die Tatsache, daß wir unsere Gedanken einem lebendigen Menschen vortragen (nicht nur dem Kassettengerät), unseren Vortrag dramatisch verbessern kann. Bitte bedenken Sie, daß auch die Menschen im Vortrag nicht andauernd dazwischenreden können (außer Sie üben für ein kleineres Meeting). Sorgen Sie dafür, daß Sie zuerst Ihren Part gut können, dann können Sie auch Zwischenrufe, Fragen nach der Präsentation etc. mit Ihren »Versuchskaninchen« üben.

Wer eine ähnliche Technik noch nie vorher probiert hat, wird erstaunt sein, was dabei »passieren« kann: Wenn Sie nämlich lernen, »laut« zu denken, werden Sie feststellen, welch wunderbare **zusätzliche Assoziationen** Ihnen **während des Sprechens** einfallen![5] Und weil Ihre Übungs-PartnerInnen **nur Verständnis-Fragen** stellen oder **wichtige Einwände** vorbringen, **aber keine persönliche Reflektionen** (»Ich hatte neulich auch so eine Sache...«), erhalten wir ein Gefühl dafür, ob Teile unseres Vortrages vielleicht noch unklarer sind, als wir dachten (**oder umgekehrt!**).

Natürlich kann so ein Meeting auch Face to Face stattfinden, aber wenn man weit auseinander wohnt... Außerdem arbeiten manche Menschen am Telefon weit konzentrierter als im direkten Austausch.

Das Ziel: Möglichst viele Steine im Fluß

Wenn Sie regelmäßig so vorgehen, schaffen Sie im Lauf der Zeit **viele metaphorische Steine im (langen) Fluß**. Somit werden Sie immer sicherer und souveräner, denn es gibt mehr und mehr Steine, auf die Sie jederzeit springen können.

---

5 Es gibt übrigens einen großartigen Aufsatz von Heinrich von KLEIST (»Über das allmähliche Verfertigen der Gedanken beim Reden«), als Monografie aufgelegt, mit einem Parallel-Kommentar von mir.

Wer nur fünf Steine im Fluß hat, dem fällt es noch relativ schwer, bei einer Unsicherheit zum Thema XY eine **passende Assoziation zu einem der fünf Steine** zu bilden, um auf diesen zu hüpfen. Haben Sie hingegen **15 Steine** im Fluß, dann fällt das schon leichter – und **bei 55 Steinen** gibt es kaum ein Thema, bei dem Sie, falls Sie »ins Schwimmen« geraten sollten, nicht lässig auf einen Ihrer Steine springen können! So werde ich zum Beispiel oft gefragt, wie ich es schaffe, so spontan, aber gleichzeitig kompetent und oft sogar TIEF-schürfend auf **Fragen** zu antworten, z.B. nach einem Vortrag (vgl. meine DVD-Mitschnitte) oder damals im Fernsehen in der ALPHA-Sendung, als ich nach jedem Magazin-Teil im Studio sofort live auf Zuschauer-Fragen einging. Nun, die Antwort ist leicht: Ich habe einen langen **Fluß** geschaffen und an vielen Stellen **Steine** hinterlegt. Ich verrate Ihnen ein Geheimnis, um Ihnen zu zeigen, wie hilfreich STEINE im Fluß sein können: Bei einem meiner Vorträge (»Viren des Geistes«), die heute als DVD-Mitschnitt zu haben sind, ereignete sich folgendes: Ich hörte damals gerade mit dem Rauchen auf (nach 39 Jahren!) und in diesen ersten Wochen kam es regelmäßig zu Denk-Blockaden, weil das Nikotin fehlte. Damals riet mir mein Arzt von Nikotin-Pflastern ab und ein Nikotin-Kaugummi kommt während eines Referats sowieso nicht in Frage. Wenn einem plötzlich das »Hirn leer« wird, egal aus welchen Gründen, zeigt sich, was Steine im Fluß bewirken können. Ich »sprang« auf einen bekannten STEIN (Thema: Männer und Frauen sind anders) und bot einige Fallbeispiele aus diesem Thema zur Untermauerung meines derzeitigen Arguments an. Es dauerte einige Minuten, bis ich wieder klar denken und den Stein verlassen konnte. Hinterher fragte ich einige meiner Insider, ob Sie die Stelle im Vortrag identifizieren konnten, an der ich die Denk-Blockade hatte – und keine/r konnte es. Das ist die (Aus-)Wirkung von Steinen im Fluß, wenn wir ins »Schwimmen«, das heißt in NOT geraten.

Lassen Sie mich Ihnen noch eine **zweite Metapher** anbieten. Die Steine-Metapher beschreibt Ihr **Wissen zu diversen Themen**, über die Sie möglicherweise referieren wollen **plus** Ihr gesamtes **Allgemeinwissen**, genauer gesagt jene Aspekte desselben, die Sie einmal intensiv »bearbeitet« haben, so daß sie zu STEINEN in Ihrem Fluß werden konnten. Die zweite Metapher bezieht sich ausschließlich auf Ihren **heutigen Vortrag** bzw. Ihre **heutige Präsentation** (z.B. in einem Meeting oder vor einer Gruppe potentieller KundInnen):

Sehen Sie Ihren Vortrag als FLÄCHE, und zwar als die Fläche eines (flachen) Streichholzbriefchens oder einer Streichholzschachtel.

Fragen Sie sich ganz ehrlich: **Wie groß ist die Fläche Ihres Wissens zum heutigen Thema in Relation zu dieser kleinen Fläche?** Eine halbe Postkarte? Eine Postkarte? Ein DIN-A5-Blatt? DIN A4? DIN A3? Die Antwort sagt Ihnen, wie sicher Sie sein werden.

Wenn Sie mindestens die Menge eines **DIN-A4-Blattes** an Hintergrundwissen besitzen, von dem Sie **heute** nur die **Streichholzschachtel-Fläche** vortragen, dann werden die meisten Fragen in Ihr Hintergrundwissen »treffen« und Sie fühlen sich zu Recht sicher.

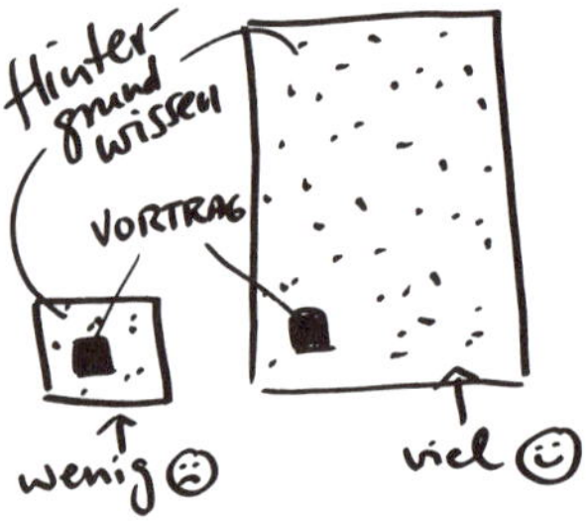

Und wenn man ab und zu nichts weiß, kann man souverän mit den Schultern zucken und sagen: »Weiß ich nicht. Hat einer der Anwesenden eine Ahnung?« (Wobei ich zu 98% wenigstens eine gute Quelle weiß, die dem Fragesteller weiterhilft, wenn ich selbst schon nichts sagen kann, weil man ein Gebiet erwischt hat, das mich noch nie sehr interessiert hat.)

Reden lernt man nur durch …?

Wir alle kennen den alten Trick: **Schreiben lernt man nur durch Schreiben.** Analog lernt man Reden nur durch Reden! **Warum benehmen wir uns dann oft so**, als **könne** man am Schreibtisch sitzend mit Papier und Stift (oder Computer) eine hervorragende Rede vorbereiten? Wir wissen, daß es **nicht** geht. Wenn Sie ein(ig)e Rohversion(en) durchlaufen haben, dann ergibt sich zwangsläufig die **Sicherheit**, die Sie brauchen, wenn Sie das Thema zum ersten Mal öffentlich vortragen.

In meinem Klassiker »Stroh im Kopf?« (über 600.000 verkaufte Exemplare), verweise ich (ab 36. Auflage) darauf, daß die **Technik identisch** mit der Vorbereitung auf eine **Prüfung** ist. Genaugenommen betrachte ich jeden **Jungfern-Vortrag**[6] **als Prüfung** – mit einem Unterschied: Diese Leute haben dafür bezahlt (oder wenn einer meiner Kunden seine eigenen Kunden einlädt, dann hat **er** für sie gezahlt). Meine Vorbereitung zeigt allen, **wie ernst ich meine Aufgabe nehme und** wieviel diese Menschen mir bedeuten. Und das spüren sie! Ist das ein Vortrag von der Stange oder ist die Zusammenstellung, die Reihenfolge, die

---

6 Man nennt einen Vortrag, den man zum allerersten Mal hält, einen Jungfern-Vortrag (vom englischen »maiden speech«). Früher bezog sich die Bezeichnung auf die erste Rede eines Politikers, heute kann sie für JEDE ERSTE REDE eingesetzt werden.

Abfolge der kleinen Experimente speziell **auf diese Zielgruppe zugeschnitten**? Die Menschen fragen sich (unbewußt): Hat man sich Mühe gegeben, **uns** etwas zu bieten? Hat man sich **auf uns** vorbereitet oder zieht man nur Vorgefertigtes aus der Schublade und »spult es ab«?

Zum Schluß: Ein guter Rat

Schneiden Sie Ihre eigenen Veranstaltungen ab und zu mit! Der Ton reicht vollkommen.

Zusatz-Tip: Bei großen Veranstaltungen muß man das heute niemandem mehr erläutern, sogar die TeilnehmerInnen schneiden hemmungslos mit, ohne auf die Idee zu kommen, zu fragen, ob sie dürfen. Aber bei kleinen (»intimen«) Seminar-Gruppen ist es immer noch sinnvoll, kurz zu **begründen**, was Sie tun: Erklären Sie den Teilnehmern, **daß Sie an sich arbeiten wollen** und daß Sie diese Aufzeichnung später studieren wollen. Ich habe früher bei Kleingruppen immer darauf geachtet, daß ich bei Übungen abschalte, aber heutzutage, nach Big Brother und Tausenden von Nachmittags-TV-Shows ist das bei den meisten Gruppen gar kein Thema mehr. Viel wichtiger ist, daß heute einige TeilnehmerInnen kommen werden und Sie um eine Kopie bitten. Sorgen Sie also rechtzeitig dafür, daß Sie dies **schnell** bewerkstelligen können (sechs Wochen später ist nicht optimal). Betonen Sie, daß Sie durch den Mitschnitt an eigenen **Schwachstellen** arbeiten können, weil Sie Ihren Vortrag im Nachhinein **mehrmals** hören werden und geben Sie diesen Trick gleich weiter (viele Ihrer TeilnehmerInnen müssen auch oft rhetorisch tätig werden). Aber selbst bei den anderen gilt: Die meisten finden es toll, daß auch ein/e TrainerIn noch an sich arbeitet. Ein besseres Signal können Sie gar nicht setzen.

Wenn Sie solche Mitschnitte haben und diese z.B. auf Reisen immer wieder hören (mindestens drei- bis viermal pro Kassette), dann gewinnen Sie dreifach. Die beiden ersten kennen Sie bereits von den Rohversionen (s. Seite 84), aber der dritte[7] ist die Sahne auf dem Kuchen, vor allem bei bereits gehaltenen »echten« Reden:

1. Wenn Sie beim dritten Mal **zusammenzucken**, weil Sie sich bei einer »dummen Bemerkung«, einer Wissenslücke, dem 150. »phänomenal« oder was immer ertappen, dann wird Ihnen klar, woran Sie tatsächlich arbeiten wollen.
2. Sie werden auch **»good points« begegnen** – Momente, in denen Ihnen beim Sprechen eine **neue Metapher** eingefallen ist, sie eine **neue Frage** spontan gut beantwortet haben, einen unerwarteten Lacheffekt erzielten etc. Auf diese Weise können

7 Der dritte Vorteil kann auch bei Rohversionen auftauchen, aber hier hört nur eine Versuchsperson zu (manchmal auch zwei), während im echten Vortrag ein PUBLIKUM sitzt, das als Ganzes reagiert!

Sie die Dinge »retten«, die man auf einer eigenen Veranstaltung selbst hinzulernen kann, wenn man sie bewußt registrieren und sich merken könnte. Ich entdecke bei diesen Mitschnitten immer wieder gute Momente, die ich damals live nicht bewußt wahrgenommen hatte. Es ist ähnlich wie mit Träumen: Man glaubt, man wird das später wissen, aber es verblaßt, wenn es nicht bewußt verarbeitet wird. Das spätere Hören erlaubt uns sogar, unsere eigenen besten Ideen zu notieren und in die Zukunft zu »retten«!

3. Sie **sammeln emotionale Reaktionen**. Zum Beispiel stellen Sie beim Abhören fest, daß Sie an bestimmten Stellen Zwischenrufe, Gelächter, Applaus oder andere Anzeichen von Betroffenheit »geerntet« hatten. Testen Sie in den folgenden Vorträgen, ob Sie beim nächsten Mal eine ähnliche Reaktion auslösen. So sammeln Sie Rede-Elemente mit vorhersagbaren emotionalen Reaktionen! Auf diese Weise entwickeln Sie im Laufe der Zeit nicht nur intellektuelle (sachliche), sondern ganz unterschiedliche Steine im Fluß, z.B. **»funny stones«**. Diese können Sie später **jederzeit gezielt** »anspringen«, wenn Sie einmal einen eher leichteren Touch benötigen.

Spätestens seit meinem DVD-Vortrag »Humor« (sowie meinem Buch »Humor – an Ihrem Lachen soll man Sie erkennen«) ist bekannt, daß ich Humor im Vortrag oder Seminar gut finde, insbesondere wenn er spontan entsteht. Dies ist ein integraler Teil des gehirn-gerechten Vorgehens – immer gewesen. Leider wurde ich bis vor einigen Jahren dafür oft »geprügelt« (wo kämen wir denn da hin, wenn im Seminar gelacht würde), wobei die Angriffe nie von den TeilnehmerInnen kamen, nur von **Wettbewerbern** und von der **Presse**. Inzwischen nennt man diesen Aspekt dessen, was bei mir »gehirn-gerechtes Vorgehen« heißt, **Infotainment**. Jetzt ist es »in«, da Heiterkeit, Lächeln und Lachen extrem günstige neuro-physiologische Auswirkungen auf Körper und Geist haben. Aber das ist eine andere Geschichte…

MERKBLATT NR. 2: ABC-LISTEN

Beginnen Sie, indem Sie am LINKEN RAND eines Blattes (Minimum DIN-A4-Format) **senkrecht** ein **ABC** schreiben. Später können Sie dies jedesmal tun, wenn Sie ein neues ABC anlegen wollen, oder aber Sie legen ein **Blatt mit ABC unter das Blatt**, auf das Sie schreiben wollen, und zwar so, daß der **linke Rand herausragt**. Dann können Sie das ABC immer SEHEN, um eine neue ABC-Liste anzulegen, ohne das ABC jedesmal neu zu schreiben.

Angenommen, Sie wollen **Inventur** machen – wie viele und welche **Tiere** fallen Ihnen in drei Minuten ein? Dann gilt die **erste Regel:** Beginnen Sie keinesfalls bei A, um sich (verbissen) bis zum Z »durchzukämpfen«. Stattdessen **wandern Sie locker mit den Augen in der (noch) leeren Liste auf und ab**. Bei irgendeinem Buchstaben, z.B. beim »L« fällt Ihnen LÖWE ein, also schreiben Sie »Löwe«, ehe Sie mit den Augen weiterwandern. Bei »Z« fällt Ihnen vielleicht das ZEBRA ein, beim Zurückwandern taucht bei »O« plötzlich der ORANG-UTAN auf und bei »G« das GNU. Der Grund für die Regel ist einfach: Wenn Sie im Laufe der Zeit mehrmals dasselbe Thema SPIELEN, um später die diversen ABC-Listen in eine große Liste zu konsolidieren, dann finden Sie bei fast allen Buchstaben Begriffe. Würden Sie aber immer bei »A« anfangen und mit Zeit-Limit spielen (z.B. zwei Minuten), dann hätten Sie auf Dauer viele Wörter am Anfang und wenige am Ende der Liste. Eine INVENTUR soll aber alle Buchstaben abdecken und beim Wandern mit den Augen geschieht es, daß Ihnen Begriffe aus allen Teilen des ABC in den Geist »springen«.

Mit ABC-Listen gewinnen Sie ZUGRIFF auf das eigene Wissen. Erinnern Sie sich an die Stadt-Land-Fluß-Spiele in Ihrer Kindheit: Wer oft spielte, wußte viel! Mit ABC-Listen schaffen wir eine Art **Stadt-Land-Fluß-Effekt** für die Themen, die wir spielen.

Dabei sollten Sie einerseits die wichtigen Kernthemen Ihres Lebens IMMER WIEDER spielen (wie früher Städte, Länder und Flüsse, nur daß Sie beim ABC-Spiel die Themen selbst bestimmen), andererseits sollten Sie immer wieder NEUE EINZELTHEMEN spielen. Beispiel: Im Fernsehen ist von der Oper die Rede, gefolgt von einem Werbeblock. Zappen Sie nicht in anderen Kanälen herum, zappen Sie lieber in Ihr INNERES ARCHIV. Was wissen Sie über Oper? Welche Opernstars fallen Ihnen ein? Welche berühmten Opern-Arien? Welche Komponisten? Welche Autoren von Libretti? (Fragen Sie Freunde und stellen Sie fest, wie viele den Begriff des Libretto nicht unmittelbar definieren können.)

Sie sehen, jede ABC-Liste stellt immer auch eine INVENTUR dar, insbesondere wenn Sie vorab zu raten versuchen, wie viele Begriffe zu einem Thema Sie in zwei oder drei Minuten schaffen. Sie können auch den ganzen Werbeblock (bei manchen Sendern 13 Minuten) mit ABC-Listen zu Themen aus der Sendung verbringen. Diese Variante nenne ich ABC-AKTIV. Sie ist eine weitere von inzwischen 20 ABC-Technik-Variationen.[8] Sie werden sich wundern, wieviel mehr Sie sich – als NEBEN-EFFEKT von ABC-AKTIV – aus der Sendung merken.

---

8 In meinem neuen Weblog BIRKENBIHL-DENKT.de werde ich die wichtigsten DENK-TOOLS vorstellen und meine LeserInnen einladen, sie zu kommentieren bzw. aus der täglichen Praxis zu berichten. Schauen Sie doch mal vorbei. Vgl. auch mein DVD-Seminar »GENIALITÄTS-Training mit ABC-Techniken« (Teil 1). Aber mit diesem Mini-Einstieg können Sie **sofort beginnen**!

MERKBLATT NR. 3: 5 WITZE (zu »WITZE ERZÄHLEN«, Seite 71)

Ein Mann fährt in den frühen Morgenstunden in Schlangenlinien über die Landstraße. Ein Polizist auf dem Motorrad hält ihn an: »Haben Sie Alkohol getrunken?« »Geringfügig!« »Sie haben eine Fahne, die ist nicht von schlechten Eltern!« »Das iss ein Irrtum vom Amt.« »Also gut. Ich müßte eigentlich mit Ihnen einen Alkoholtest machen, habe leider keine Tüte dabei, darum werde ich mit Ihnen einen anderen Test machen. Ich nenne den Firmennamen von Autos, und Sie antworten darauf mit einem anderen Firmennamen, einverstanden?« »Ja!« »Also fangen wir an«, sagt der Polizist, »Jaguar.« »Februar«, antwortet der Mann.

Ein Ehepaar verreist zum ersten Mal nach Ägypten und fährt mit einem Dampfer über den Nil. Das Schiff wird von einem anderen Schiff gerammt und sinkt. Schon kommen die ersten Krokodile angeschwommen. Da ruft der Mann: »Da sieht man es wieder, alles verlottert hier, aber die Rettungsboote sind von Lacoste!«

Ein Einbrecher steigt in ein leeres Haus ein. Im ersten Stock hört er auf einmal eine Stimme: »Ich sehe dich und Engelchen sieht dich auch!« Der Einbrecher schrickt zusammen und sucht mit einer Taschenlampe nach dem Besitzer der Stimme. Wieder hört er: »Ich sehe dich und Engelchen sieht dich auch!« Im Lichtkreis der Lampe wird ein Papagei sichtbar. »Dämlicher

Vogel«, sagt der Einbrecher, schaltet das Licht an und erblickt einen mächtigen Dobermann, der ihn mit funkelnden Augen anstarrt. Da hört er wieder die Stimme: »Engelchen, fass!«

Zwei Freunde gehen ins Theater, setzen sich auf ihre Plätze. Kurz bevor sich der Vorhang hebt, sagt Paul: »Du, ich muß noch mal schnell verschwinden.« Er geht hinaus, findet keine Toilette, öffnet in seiner Not zwei, drei Türen und kommt in einen großen dunklen Raum, in dem ein Tisch und eine Blumenvase steht. Kurz entschlossen verrichtet er dort sein Geschäft. Erleichtert macht er sich auf den Weg zurück. Im Saal ist es dunkel, er drängelt sich durch die Reihe, nimmt seinen Platz ein und fragt seinen Freund: »Ist schon was passiert?« »Nicht viel«, antwortet der, »aber typisch Sartre: Kommt einer auf die Bühne, pinkelt in die Vase und haut wieder ab.«

Zwei Männer unterhalten sich im Bahnabteil: Fragt der eine: »Auf was kauen Sie denn da ständig herum?« »Auf Apfelkernen.« »Und wozu soll das gut sein?« »Es fördert die Intelligenz.« »Aha, können Sie mir auch vier Stück geben?« »Gerne. Vier Stück kosten acht Euro.« Der andere Mann zahlt und bekommt die Kerne. Nach einer Weile des Kauens meint er: »Für acht Euro hätte ich mir aber jede Menge Äpfel kaufen können!« »Sehen Sie, die Kerne wirken schon!«

LITERATUR-VERZEICHNIS

BIRKENBIHL, Vera F.

1. *ABC-Kreativ*. H. Hugendubel Verlag, 4. erw. Auflage 2007
2. *Birkenbihls Denkwerkzeuge*. mvgVerlag, 3. Auflage 2007
3. *Ohne Worte – Wortlos denken*. DVD-Live-Vortrag 2006
4. *Erfolgstraining*. mvgVerlag 2001 (vergriffen)
5. GENIALITÄTS-Training mit ABC-Listen (DVD). Walhalla Verlagsgruppe 2006
6. *Humor: An Ihrem Lachen soll man Sie erkennen*. mvg Verlag 2005
7. *Männer/Frauen – mehr als der kleine Unterschied* (DVD). Gabal 2006
8. *Mehr intelligente Kopf-Spiele*. Gabal 2004 (auch als DVD erhältlich)
9. *Intelligente Party-Spiele machen klüger*. Urania, 2. durchges. Auflage 2004
10. *Intelligente Wissens-Spiele*. Gabal 2003
11. *LERNEN lassen!* mvg Verlag 2007
12. *Rhetorik – Redetraining für jeden Anlaß*. Urania 2001
13. *Rhetorik-Training* (mit 3 CDs). H. Hugendubel Verlag, 14. Auflage 2007
14. *Rhetorik-Training*. H. Hugendubel Verlag, 14. erw. Auflage 2007

15. *Rhetorik. 50 Übungskarten für perfekte Redekunst.* (Kartenset). H. Hugendubel Verlag 2007
16. *Stroh im Kopf?* mvgVerlag, 47. Auflage 2007
17. *Trotzdem LEHREN*. mvgVerlag, 3. Auflage 2007
18. *Von Null Ahnung zu etwas Arabisch* (DVD). Walhalla Verlagsgruppe
19. *Von Null Ahnung zu etwas Chinesisch* (DVD). Walhalla Verlagsgruppe
20. *Von Null Ahnung zu etwas Komplexitätstheorie.* VHS-Video
21. *Von Null Ahnung zu etwas Japanisch* (DVD). Walhalla Verlagsgruppe
22. *Von Null Ahnung zu etwas Quantenphysik* (DVD). Walhalla Verlagsgruppe
23. *Von Null Ahnung zu etwas Türkisch* (DVD). Walhalla Verlagsgruppe
24. *Viren des Geistes*[9] (DVD).
25. **Buzan, Tony:** Das Mind-Map-Buch. mvgVerlag 5. Auflage 2002
26. **Dawkins, Richard:** *Das egoistische Gen.* Spektrum Akademischer Verlag 2006

9 Einer meiner DVD-Vorträge, der eigentlich »Von Null Ahnung zu etwas Memetik« heißen müßte, hätte mit diesem Titel nur irritiert (weil kaum jemand den Namen dieser noch jungen Wissenschaft kennt), also nannte ich ihn »Viren des Geistes«; aber auch er gehört in die Reihe der Illustrationen des Satzes meines Vaters, daß es keine trockene Theorie gibt, wenn man gehirn-gerecht vorgeht.

27. **Gööck, Roland:** *1000 klassische und neue Spiele für drinnen und draußen*. Orbis 2002
28. **Koestler, Arthur:** *Der Mensch, Irrläufer der Evolution.* Goldmann Verlag, 2. Auflage 1981 (vergriffen)
29. **Krashen, Stephen**: *Principles and Practice in Second Language Acquisition.* Prentice-Hall 1987
30. **May, Rollo:** *Mut zur Kreativität*. Junfermann 1987
31. **Steinbeck, John:** *Journal of a Novel: The East of Eden Letters*. Penguin 2001
32. **Révész, Géza:** *Talent und Genie*. Francke A. Verlag 1982

Zu den Werken von Vera F. Birkenbihl
Ausführliche Informationen zu allen Büchern, DVDs, Videos, Ton-Kassetten etc. finden Sie (im Shop) auf meiner Website www.birkenbihl-insider.de.

Internet-Seiten

www.birkenbihl-insider.de
www.birkenbihl-denkt.de
(Weblog zu meinen Denk-Tools)
www.youtube.com
www.toastmasters.de

STICHWORT-VERZEICHNIS

ÜBER DIE AUTORIN

Vera F. Birkenbihl, Management-Trainerin und Leiterin des Instituts für gehirn-gerechtes Arbeiten, zählt zu den etablierten Größen in der Seminarszene. Die Querdenkerin gehört zu den Erfindern von Infotainment. Mit unkonventionellen Lehrmethoden konnte sie u.a. auf dem Gebiet der Rhetorik eine große Lesergemeinde überzeugen. Bei Ariston erschienen unter anderem die Bücher »Rhetorik«, »Rhetorik-Training«, »Rhetorik. 50 Übungskarten für erfolgreiche Redekunst«, »Das 30-Tage Trainingsprogramm« und »ABC Kreativ«.